知識ゼロからの坂本龍馬入門

山村竜也
Tatsuya Yamamura

Ryoma Sakamoto

幻冬舎

はじめに

幕末維新期には、多くの魅力的な人物が現れたが、そのなかで最も現代の人々に愛されているのが坂本龍馬《さかもとりょうま》である。

龍馬の最大の魅力は、私利私欲がなく、あくまでも日本のためを思って行動したことにある。龍馬は、薩長同盟《さっちょうどうめい》、大政奉還《たいせいほうかん》という偉業を成し遂げて、明治維新の実現に多くの功績があったにもかかわらず、権力に固執するところがまったくなかった。

ふつう革命が成就すると、それに尽力した者たちは新政権の役職に就く。わが国の明治維新の場合もその例にもれず、倒幕《とうばく》に貢献した志士たちは、明治新政府を構成する政治家や官僚になった。しかし、ひとり龍馬だけは、決して新政府に参加しようとしていなかった。維新が成る直前、妻のお龍《りょう》に語った言葉がある。

「ひと戦争すんだら山中に入って安楽に暮らすつもり。役人になるのは俺はいやじゃ」

明治維新が成るまでは全力を尽くして働くが、成就したあとは、現場を退いてのんびりと暮らしたい。それが龍馬の願いだったのだ。

この欲のない清廉な人柄に、私たちは魅かれ、時空を超えて憧れの気持ちを抱くのである。

本書は、そんな龍馬の生涯を追い、素顔に迫った解説書である。これまで龍馬に関する知識がまったくなかった人にも、読みやすく理解しやすい構成になっているので、ぜひ愛蔵の一冊としていただきたいと思う。

山村竜也

はじめに……………1

第一章 自由奔放な生きざまが人々を魅了し続ける

●スパルタ教育で育った「泣き虫次男坊」
【時代背景】徳川幕府は不況が引き金になって衰退した……………10
【誕生】三つ上の姉が龍馬の教育係をつとめる……………12
【身分】身分は低くても裕福なお坊ちゃん育ちだった……………14
【江戸遊学】勉強は苦手でも剣術は得意だった……………16
【江戸暮らし】剣術修行に出た江戸で、黒船を目撃する……………18
【攘夷宣言】外国人は打ち払え！ まだまだ平凡な若者だった……………20
●自分探しをしていた「尊王攘夷の志士」
【時代背景】幕府を困らせた「尊王攘夷」の勢い……………22
【江戸再遊学】自分の進むべき道を探していた……………24
【時勢の認識】水戸の尊王攘夷派志士が龍馬の下を訪れる……………26
【土佐勤王党】土佐の仲間がつくった尊王攘夷グループに参加……………28

【長州への旅】土佐勤王党の使者として長州藩を訪れる……30
【脱藩】藩を抜け出して、「自由人」龍馬が誕生する……32

●海軍創設を目指した勝海舟の「一番弟子」

【時代背景】幕府勢力と尊王攘夷派の対立が激化……34
【潜伏活動】脱藩者の身分で幕府の要人に会う……36
【師との出会い】勝海舟と出会い、志士として開花する……38
【龍馬の魅力①】人の話から最先端の知識を吸収する……40
【海軍操練所】攘夷一色の世論を横目に、龍馬はその先をゆく……42
【土佐勤王党壊滅】故郷の土佐藩で旧友たちが断罪される……44
【事業に奔走】土佐からの帰郷命令が龍馬にも忍び寄る……46
【同志散る】同志が殺害され、海軍操練所も閉鎖される……48
【龍馬の魅力②】何事にもものおじしない度胸がある……50

●薩長同盟を成し遂げた「総合商社の社長」

【時代背景】幕府を倒そうという動きが沸き起こる……52
【薩摩藩へ】窮地を薩摩藩に救われる……54
【薩長和解に奔走】無理だと思われていた〝歴史的和解〟へ動きだす……56
【亀山社中】貿易の力で、薩摩と長州の距離を縮める……58

【龍馬の功績①】仲違いの危機を防いで「薩長同盟」を実現する……60
【寺田屋襲撃】恋人の助けで、九死に一生を得る……62
【龍馬の魅力③】常識にとらわれない柔軟な発想力……64
【長州征伐】船を使って薩摩藩と長州藩の援助に奔走……66
【社中の受難】会社の経営に頭を悩ませていた……68
【海援隊】私怨を捨て、日本のために土佐藩と和解……70
【倒幕の動き】龍馬の知らないところで武力倒幕への動きが活発化する……72

●理想の国家を目指した「天下の自由人」

【時代背景】全面戦争へのカウントダウン……74
【龍馬の功績②】武力に頼らない平和的な第三の道を示す……76
【土佐へ帰郷】計画失敗を想定した周到な根回し……78
【龍馬の功績③】一介の浪士の意見が将軍を動かす……80
【新政権の構想】倒幕の先を見据え、新政権構想を練っていた……82
【龍馬の魅力④】権力をもったり手柄を得たりすることに興味がない……84
【近江屋にて】日本の夜明けを目前に凶刃に倒れる……86
【龍馬の死後】龍馬亡きあと明治維新はどう変わったか……88
コラム　坂本龍馬と才谷梅太郎は同一人物？……90

第二章

発想力の源は師友との出会いに

【人物相関図】龍馬をめぐる人物群像。敵味方が入り乱れる……92
【土佐藩】中岡慎太郎　龍馬とともに薩長同盟の実現に力を尽くす……94
【土佐藩】武市半平太　尊王攘夷実現のため、土佐勤王党を結成する……96
【土佐藩】後藤象二郎　土佐勤王党に敵対意識を燃やしていた……98
【土佐藩】岩崎弥太郎　貧乏から、才覚だけで資産家にのし上がる……99
【土佐藩】山内容堂　土佐の名君。佐幕か倒幕かで揺れた……100
【土佐藩】吉田東洋　山内容堂の信頼を得て、藩政改革を推進する……101
【土佐藩】中浜万次郎・平井収二郎……102
【土佐藩】河田小龍・岡田以蔵……103
【亀山社中・海援隊】近藤長次郎　龍馬の右腕として活躍するが、盟約違反で切腹……104
【亀山社中・海援隊】長岡謙吉　海援隊のブレーンとして龍馬を支える……106
【亀山社中・海援隊】陸奥源二郎　資質を見出され、「準」土佐藩士として活躍……107
【亀山社中・海援隊】沢村惣之丞・高松太郎……108
【亀山社中・海援隊】池内蔵太・そのほかの海援隊士……109

【長州藩】桂小五郎　龍馬の協力を得て、長州藩の復権を成し遂げる……110
【長州藩】高杉晋作　「動けば雷電のごとく」と評された革命の申し子……112
【長州藩】久坂玄瑞　長州藩を訪れた龍馬に、脱藩の道を諭す……113
【薩摩藩】西郷隆盛　龍馬の考えに共鳴して薩摩藩を動かす……114
【薩摩藩】小松帯刀　龍馬の活動を公私にわたり陰で支える……116
【薩摩藩】大久保利通・五代友厚……117
【福井藩】松平春嶽　幅広い人脈づくりのきっかけを与える……118
【福井藩】横井小楠　日本が目指すべき国家像を示した……120
【福井藩】由利公正　財政のエキスパートを龍馬が見出した……121
【福井藩】中根雪江……122
【鳥取藩】千葉重太郎……122
【庄内藩】清河八郎……123
【松代藩】佐久間象山……123
【幕府】勝海舟　龍馬を飛躍させた、型破りな江戸っ子幕臣……124
【幕府】大久保一翁　龍馬の才能を早くから見抜いていた……126
【幕府】徳川慶喜　徳川幕府最後の将軍。大政奉還を受け入れた……127
【幕府】新選組　倒幕の主導者・坂本龍馬をつけ狙う……128

【幕府】京都見廻組　剣術のエリート集団。龍馬暗殺を実行した……129
【公卿】岩倉具視　龍馬の大政奉還論を非難。武力倒幕を主張する……130
【公卿】三条実美・姉小路公知……131
【女性】お龍・平井加尾……132
【女性】大浦慶・お登勢……133
【イギリス人】グラバー・パークス……134
【イギリス人】サトウ……135
【商人】小曽根乾堂……135
コラム　周りから見た龍馬の人物評……136

第三章

ゆかりの地。龍馬を身近に感じる

【全国地図】日本各地に残る龍馬の足跡……138
【江戸】青春時代を謳歌。剣術修行と学問に励む……140
【京都】日本のために命を燃やし尽くした最期の地……142
【神戸】同志たちと海の向こうに思いをはせる……144

【下関・萩】龍馬がたびたび訪れた、長州藩の貿易の要……146
【土佐】生まれ故郷が龍馬の反骨精神を養った……148
【長崎】亀山社中を結成した記念すべき場所……150
【薩摩】公私ともに龍馬を支えた第二の故郷……152
コラム　龍馬が夢を追いかけた「北の大地」……154

第四章 幕末の文化から龍馬の姿が見えてくる

【龍馬の言葉】人をひきつける豪快な龍馬語の世界……156
【志士の暮らし】龍馬はおしゃれだったのか、だらしないだけか？……158
【西洋の文化】龍馬の目を外の世界に向けさせた……160
【学問と剣術】頭はよかったのか？　剣は強かったのか？……162
【特技】困った事態も歌の力で切り抜ける……164

【坂本龍馬関連年表】……166

さくいん……173

三三歳という若さでこの世を去った
稀代の英雄・坂本龍馬。
動乱の時代にあって、
わが道を歩み続けたその人生は
現代においてさえ色あせない魅力をもつ。

第一章

自由奔放な生きざまが人々を魅了し続ける

スパルタ教育で育った「泣き虫次男坊」

時代背景

1835年〜1854年

徳川幕府は不況が引き金になって衰退した

坂本龍馬が生まれた頃のわが国は、日本全土を江戸（徳川）幕府が支配していた。江戸幕府とは、戦国時代を勝ち抜いた徳川家康が天下を平定して築いた「武士の政権」である。本拠地の江戸（今の東京）で中央政治を行い、地方の大名に「藩」という領地を与えて地方の政治を任せていた。これを「幕藩体制《ばくはんたいせい》」という。

幕府は二〇〇年以上この支配体制を維持し、平和な時代をもたらした。しかし、一八世紀末頃から微妙な変化が起こり始める。そのきっかけは、度重なる飢饉《ききん》だった。とくに一八三三年（天保《てんぽう》四）から数年間続いた「天保の大飢饉」の被害は甚大で、その影響は全国におよんだ。

幕府は「天保の改革」を行うなどして立て直しをはかったが、うまくいかなかった。地方を統治していた大名たちは独自の改革を実行し、領内の安定をはかった。改革に成功した諸藩は強大な財力や軍事力をもつようになり、幕府の権威が少しずつ揺らぎ始める。

各藩の有能なトップが「雄藩」を誕生させた

独自の改革に成功した各藩は、そこから得た財力を生かして洋式の軍備を整え、幕府に迫るほどの軍事力を備えた。これが「雄《ゆう》藩《はん》」である。

諸藩が改革を成功できた要因に、優秀な藩主のリーダーシップがある。身分にとらわれない能力重視の人材登用を行い、改革を主導した。薩摩《さつま》藩や長州《ちょうしゅう》藩、土佐藩などが有名である。

不況下での対策が、幕府と諸藩の明暗を分ける

飢饉で「大不況」に陥った江戸時代の日本。その不満は、中央政権である幕府に向けられ、民衆による反乱が起きるなど、国内は混乱を極めた。

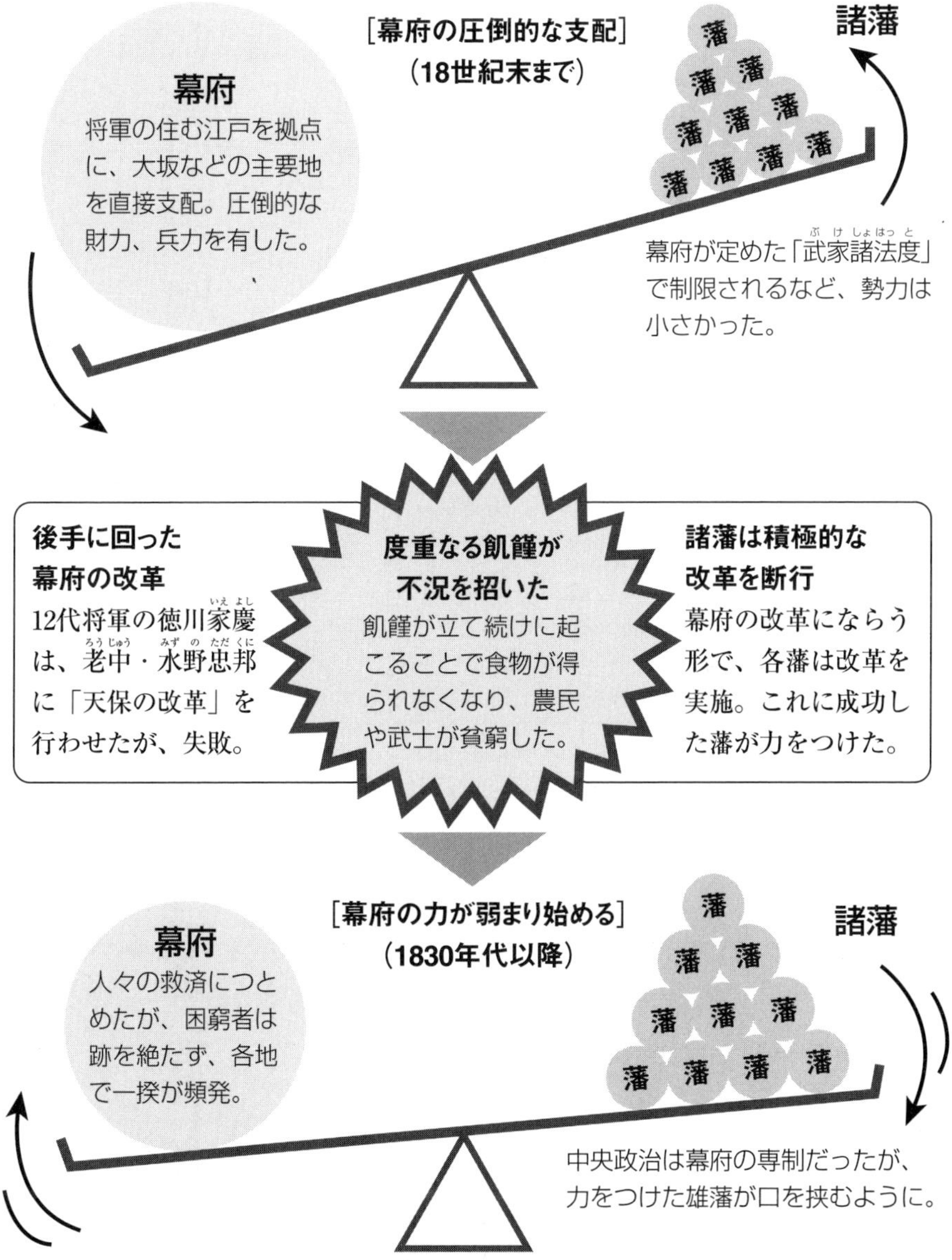
[幕府の圧倒的な支配]
(18世紀末まで)
幕府
将軍の住む江戸を拠点に、大坂などの主要地を直接支配。圧倒的な財力、兵力を有した。
諸藩
藩
幕府が定めた「武家諸法度《ぶけしょはっと》」で制限されるなど、勢力は小さかった。
後手に回った幕府の改革
12代将軍の徳川家慶《いえよし》は、老中《ろうじゅう》・水野忠邦《みずのただくに》に「天保の改革」を行わせたが、失敗。
度重なる飢饉が不況を招いた
飢饉が立て続けに起こることで食物が得られなくなり、農民や武士が貧窮した。
諸藩は積極的な改革を断行
幕府の改革にならう形で、各藩は改革を実施。これに成功した藩が力をつけた。
[幕府の力が弱まり始める]
(1830年代以降)
幕府
人々の救済につとめたが、困窮者は跡を絶たず、各地で一揆が頻発。
諸藩
中央政治は幕府の専制だったが、力をつけた雄藩が口を挟むように。

誕生

三つ上の姉が龍馬の教育係をつとめる

［年代］
1835年〜1847年

［場所］
土佐

《5人きょうだいの末っ子に生まれる》

龍馬は5人きょうだいの末っ子。父39歳、母38歳のときの子供だった。龍馬は12歳のときに母を亡くしている。

坂本家

継母	父	母
伊与《いよ》（32歳）八平の再婚相手。武士の娘として育ち、薙刀を使った。	八平（39歳）山本家から養子に入る。坂本家の3代目を継いだ。	幸《こう》（38歳）坂本家の先代直澄《なおずみ》の一人娘。15歳前後で結婚する。

次男	三女	次女	長女	長男
龍馬（1歳）長男とは親子ほどにも歳が異なる。	乙女《とめ》（4歳）年が近く、龍馬が一番懐いた。	栄《えい》（?）確かな資料がなく、謎が多い。	千鶴《ちづ》（19歳）龍馬が2〜3歳の頃、高松家に嫁ぐ。	権平（22歳）温厚実直な性格。和歌にも堪能。

※すべて龍馬が生まれたときの年齢（本書内の年齢は数えで統一）。

坂本龍馬が生まれたのは、黒船来航の一八年前にあたる一八三五年（天保《てんぽう》六）の一一月一五日。父・八平《はちへい》は、身分は低いながらも、弓や槍の名手で、書や和歌に通じていた立派な武士だった。

しかし、兄の権平《ごんぺい》と二一歳も離れた次男坊としてのんびり育てられたためか、幼い頃の龍馬は、臆病で意気地なしだった。

一〇歳を過ぎても寝小便が治らなかったため「よばれたれ（土佐弁で寝小便たれの意）」と蔑まれるほどであったという。

龍馬の下地をつくった乙女の教育

幼くして母と死に別れた龍馬を、母親代わりに教育したのが3歳上の姉・坂本乙女。この姉が身近にいたのは龍馬にとって幸いだった。

身長約176cm、
体重約113kg
もある大女だ
ったという

正規の教育コースからドロップアウト

一般的な子が通う塾を短期間でやめる。上士《じょうし》（身分が高い武士）の子とのケンカが原因。

乙女のスパルタ教育

泳げない龍馬を川に連れていき、竹竿の先に龍馬をくくりつけて川へ入れ、泳ぎの練習をさせるなど、その教育法はスパルタ式だった。

才能豊かな「坂本のお仁王《におう》様」

乙女は男勝りの巨漢で、周囲から「お仁王様」と呼ばれるほど。薙刀・剣・馬術・弓術・水泳など武芸のほか、琴・三味線・舞踊・和歌などの文芸にも優れた。

龍馬の下地ができ上がる

龍馬はその後も正規の教育を受けずに自由に育つ。武士の教養である漢学を学ばなかったおかげで、独創性を得たとされる。

龍馬出生にまつわる伝説とは？

龍馬の本名は直柔《なおなり》（はじめ直《なお》陰《かげ》）で、「龍馬」は通称。母が妊娠中に龍が胎内に飛び込んでくる夢を見て、その後に生まれてきた子の背中に、龍のような、馬のたてがみのような体毛が生えていたために龍馬と名づけたといわれる。ちなみに、辰（龍）年生まれではない。

身分は低くても裕福なお坊ちゃん育ちだった

［年代］
17世紀～19世紀半ば

［場所］
土佐

土佐藩の厳しい身分制度

大名（藩主）を藩の長として、その下は大まかに上士（上級武士）と下士（下級武士）に分けられた。

上士は、高下駄を履き、日傘をさせる

あからさまな差別に対し、不満を抱く

高下駄が履けない。蓑などで風雨をしのいだ

上士（上級武士）

徳川家康によって土佐の領土を与えられた山内家の家臣たち。城に近い城下町に住み、優遇された。

［身分］

- **家老**　藩主を補佐し、政治を行う
- **中老**　家老を補佐する
- **物頭《ものがしら》**　鉄砲組などの組の代表者
- **馬廻《うままわり》**　藩主の馬の周りに従って、警護する騎馬の武士
- **小姓組《こしょうぐみ》**　藩主の供をし、市中の巡回をする
- **留守居組《るすいぐみ》**　江戸藩邸に置かれ、幕府との連絡を担う

白札《しらふだ》　上士と下士の中間にあたる

下士（下級武士）

戦国時代以前から土佐に住んでいた長宗我部《ちょうそかべ》氏の遺臣が源流。主に、城から遠い農村に居住させられた。

［身分］

- **郷士**　30石以上の新田を開発した者
- **用人《ようにん》**　会計にかかわる仕事をする
- **徒士《かち》**　藩主の外出時にお供をする
- **組外《くみはずれ》**　足軽の組頭をつとめる
- **足軽《あしがる》**　戦時に歩兵になる
- **庄屋《しょうや》**　村落をまとめる

郷士・坂本家は豪商の分家から生まれた

坂本龍馬の生家は、土佐藩の中では下層にあたる郷士の身分ながら、本家は土佐有数の豪商。下手な上士よりも経済力があり、裕福な家庭だった。

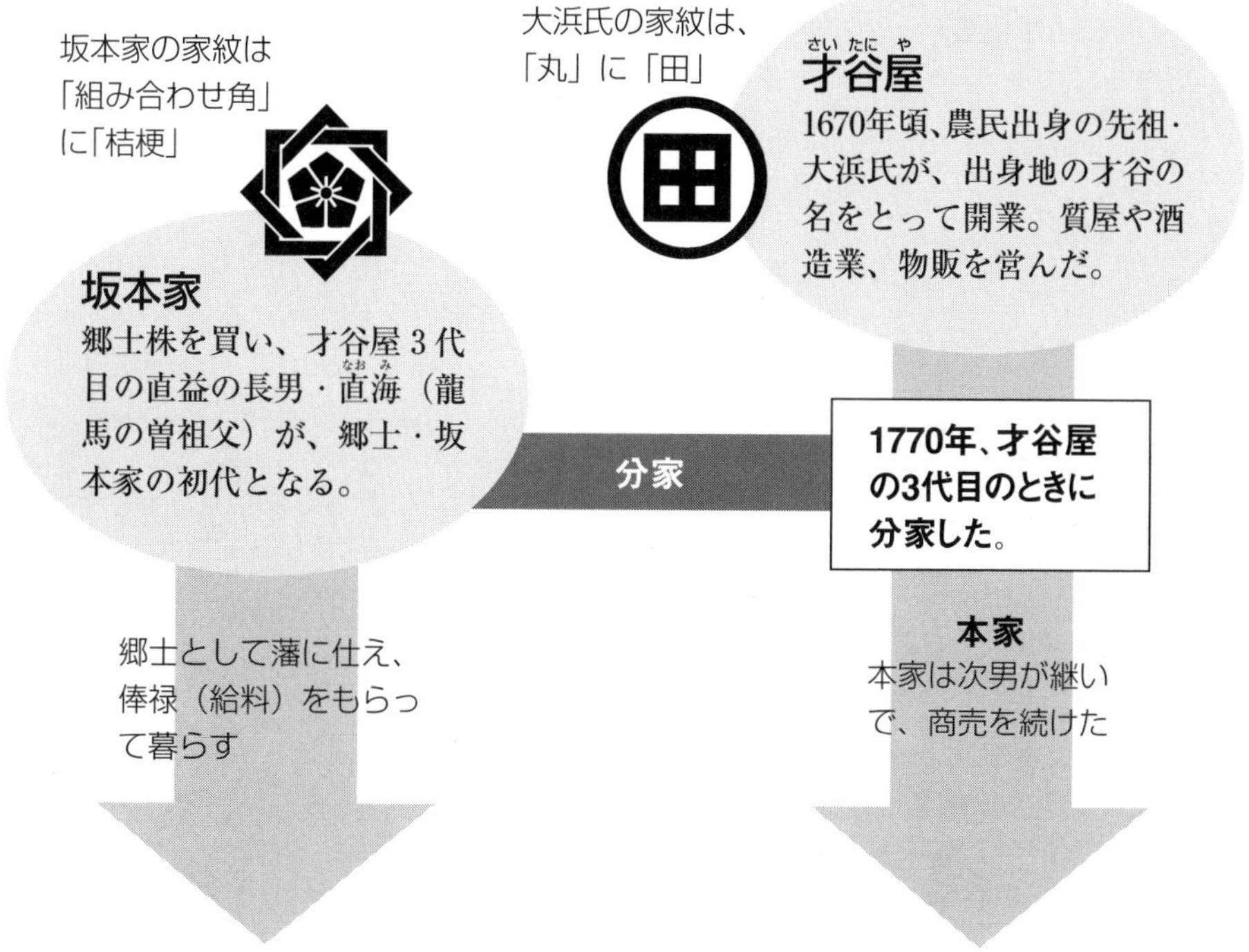

坂本家の家紋は「組み合わせ角」に「桔梗」
大浜氏の家紋は、「丸」に「田」
才谷屋《さいたにや》
1670年頃、農民出身の先祖・大浜氏が、出身地の才谷の名をとって開業。質屋や酒造業、物販を営んだ。
坂本家
郷士株を買い、才谷屋３代目の直益の長男・直海《なおみ》（龍馬の曽祖父）が、郷士・坂本家の初代となる。
分家
1770年、才谷屋の3代目のときに分家した。
郷士として藩に仕え、俸禄（給料）をもらって暮らす
本家
本家は次男が継いで、商売を続けた

龍馬が生まれたのは、現在の高知県にあたる「土佐」という国。土佐藩は二四万石の城下町をもち、それを大名・山内《やまうち》家が治めていた。

坂本家は、土佐藩の中では下士《かし》に含まれる「郷士《ごうし》」という身分だった。代々の商家であったが、曽祖父の代に郷士株を買い、特別に郷士に取り立てられた。

当時、どの藩にも身分制度は存在したが、土佐藩はとくに厳しく、下士と上士《じょうし》ではさまざまな面で格差がつけられていた。

家老《かろう》や中老《ちゅうろう》などの重要なポストには上士しか就けないし、下士は上士に逆らえない。幼少期に、上士の子とケンカして龍馬が退塾することになったのも、そんな事情からと考えられる。

勉強は苦手でも剣術は得意だった

［年代］
1848年～1853年

［場所］
土佐
江戸

《剣の道を究めるために、江戸へ出る》

家を継ぐ長男以外は、どこかの養子になるか、剣や学問で出世するほかなく、稼ぎ口は限られていた。

剣術だけではない総合武術の小栗流
小栗流《おぐりりゅう》は江戸時代初期から伝わる剣術の流派。柔術（柔道の原型）を基本に、槍術、居合、騎射、水泳なども教える。

1848年
日根野道場へ入門
土佐藩でも広く知られていた小栗流の剣術道場。家に近いこの道場に、龍馬は14歳から通い始めた。

19歳のときに小栗流の目録（最初の段位）を授かる

1853年3月
江戸に遊学へ
19歳で江戸へ。父から「修行中心得大意」を授かる。剣術修行は藩も推奨しており、届け出れば期限付きで許可が下りた。

修行中心得大意
一、常に忠孝を忘れないで、修行に専念せよ
一、刀剣などの諸道具を買い集めて、浪費をするな
一、色情におぼれて国（土佐藩）の大事を忘れるな
右の三カ条を胸に、修行に励んで、帰ってくることが第一である。

「金持ちのボンボン」で、泣き虫の落ちこぼれだったはずの龍馬が、大きく変わった。一四歳から始めた剣術がきっかけだった。

母・幸《こう》と死別した二年後、龍馬は城下の日根野《ひねの》道場に通い始める。剣術を学ぶことは武士の習いだが、父の八平《はちへい》もそれで龍馬を鍛え直そうと考えたのかもしれない。

龍馬は、武の才能に恵まれていたようで、めきめきと上達。ついには一九歳で目録《もくろく》を授かるまでに。八平は龍馬にさらなる修行を積ませるため、江戸へ遊学させた。

龍馬はたくましく成長を遂げた

19歳になった龍馬は、すっかり立派な男子へと成長を遂げていた。幼少期の「落ちこぼれ」の面影は薄れ、家族は心底ホッとしたに違いない。

プロフィール

年齢　19歳
身長　約176cm
体重　約80kg
当時の日本人男性の平均身長が約158cmなので、とてもよい体格だったといえる

色黒でホクロが多い
毛深かった。背中に毛が生えていて、少し気にしていた
筋肉質でたくましかったが、姿勢は悪かった

龍馬の変貌ぶりを伝える逸話

16歳のとき父の命で、ある土木工事の現場で指揮をとった。仕事を終えた工夫が「坂本の旦那に使われるときは、何の苦もなく仕事が運ぶ」と感心したという。

江戸暮らし

剣術修行に出た江戸で、黒船を目撃する

［年代］
1853年～1854年

［場所］
土佐
江戸

黒船の来航で海防警備に出る

人口約100万人の大都市・江戸は、都の京都以上に賑わっていた。全国から多くの若者が集まっていた。

龍馬の動き

千葉道場に入門
「玄《げん》武《ぶ》館《かん》」の千葉周《しゅう》作《さく》の弟である千葉定吉が指導。小千葉道場とも呼ばれた。

沿岸警備に就く
江戸にいた龍馬は、土佐藩の命令で沿岸警備に就いた。

時間の経過

一八五三年四月

六月 黒船が来航する

幕府の動き

幕府は、アメリカ合衆国の艦船が日本に来るとの情報を、オランダから得ていたが、なんの対応策も立てていなかった

黒船への対応
最新鋭の軍艦を誇示して開国を迫るペリー提督。幕府は１年後の返答を約束して帰ってもらうしかなかった。

当時、土佐から江戸までは約一カ月。徒歩の旅である。江戸に着いた龍馬は、土佐藩の出張所ともいえる藩邸に間借りする。そこから近くの千葉《ち ば》定吉《さだきち》道場に通い、北《ほく》辰《しん》一《いっ》刀流《とうりゅう》剣術を習い始めた。

その後すぐに、江戸湾の浦賀沖に四隻の巨大な軍艦が現れる。有名な「黒船来航」である。黒船を率いるアメリカ合衆国は、当時太平洋での捕鯨業が盛んで、その寄港地として日本に目をつけていたのであった。アメリカの開国要求をきっかけに時代が動きだした。

二月

佐久間象山《さくましょうざん》の塾に入門する

外国の脅威を感じた龍馬は、西洋通の学者・佐久間象山の私塾で、海防術や西洋式砲術を学び始めた。

老中《ろうじゅう》・阿部正弘《あべまさひろ》がアメリカへの対応法について、広く意見を求める。

幕府が独占する中央政治にあって、幕府に何かを意見できるのは、前代未聞の事態。さまざまな身分の者からの意見書が寄せられた。

[諸藩からの意見(計54藩)]

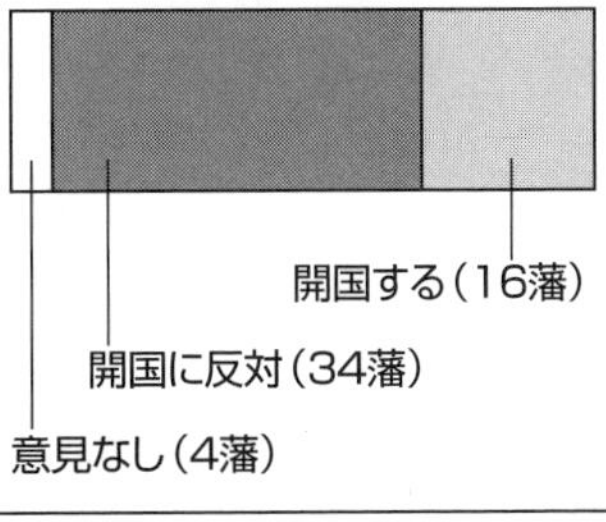

一八五四年

一月

黒船が再来航する

土佐へ帰る

黒船の再来航で再び沿岸警備に就いたとも。剣術修行に専念する暇もなく、藩から許可された15ヵ月の遊学期間が終了。

三月

日米和親条約を締結する

ペリーは1年を待たずして半年後に再来航。窮した幕府は、とりあえず鎖国を解いてアメリカ合衆国と「仲良くしよう」という条約を結んだ。

五月

千葉道場で芽生えた龍馬の淡い恋

道場主の千葉定吉は鳥取藩の剣術師範に就任していたため、龍馬は、その息子の重太郎《じゅうたろう》に剣を習った。ほどなく龍馬は、重太郎の妹・佐那《さな》と恋に落ち、結婚を約束するまでの仲になる。

剣の上達と人柄との両面で、この道場でも名を知られる存在になっていたようだ。

攘夷宣言

外国人は打ち払え！まだまだ平凡な若者だった

［年代］1854年

［場所］江戸

尊王攘夷論が世間に広がる

200年以上にもわたり、鎖国状態だった日本。外国人への嫌悪感が「攘夷論」となり、沸騰し始める。

尊王 ＋ 攘夷

尊：尊ぶ。大切にして敬う。

王：天皇を指す。「皇」と書くことも。

攘：「攘《はら》う」とは「排除する」の意。

夷：「夷《えびす》」は、外から攻めてくる敵の意。

神聖な日本の地に汚らわしい外国人を入れないために、天皇を中心にまとまって対抗しようという思想になった

尊王論
王を尊ぶこと。日本では天皇が王にあたり、幕府より朝廷を尊重。のちに「倒幕」へ発展。

攘夷論
外敵を打ち払うこと。当時の日本人の心に、強く根付いていた。孝明天皇も攘夷を望む。

龍馬が江戸で遭遇した「黒船来航」。幕府がその対応に苦慮したため、日本中で「開国か攘夷《じょうい》か」との議論が活発化する。

しかし、幕府が開国を決めると、「鎖国」に慣れていた人々が反発。「攘夷」の声が高まった。龍馬も「異人の首を討って帰る」と、国《くに》許《もと》へ書き送っているほどだ。

一方でこの頃、「尊王《そんのう》論」が、発祥地の水戸藩を中心に全国に広まっていた。孝明《こうめい》天皇が外国人を極度に嫌ったため、「尊王攘夷」思想に発展し、流行する。

龍馬も周りの意見に流されていた

黒船を見た龍馬は、外国に対する興味を抱いた。が、同時に侵略される恐れを強め、多くの者と同様「異人討つべし」の攘夷論に染まっていた。

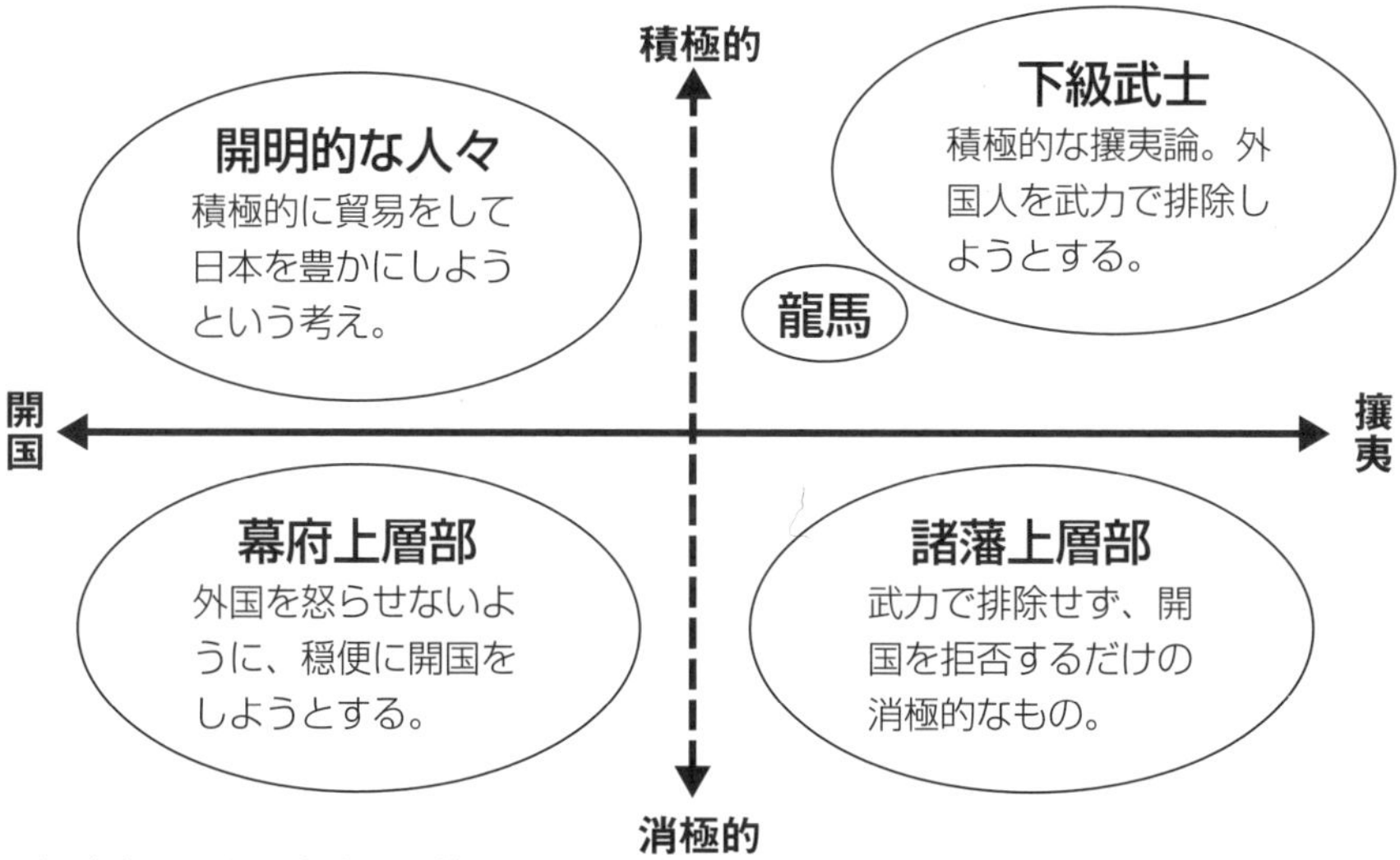

積極的
消極的
開国
攘夷
開明的な人々
積極的に貿易をして日本を豊かにしようという考え。
下級武士
積極的な攘夷論。外国人を武力で排除しようとする。
龍馬
幕府上層部
外国を怒らせないように、穏便に開国をしようとする。
諸藩上層部
武力で排除せず、開国を拒否するだけの消極的なもの。

下級武士たちとの交流で、龍馬も尊王攘夷の思想を強くしていった

自分探しをしていた「尊王攘夷の志士」

時代背景 1854年〜1862年

幕府を困らせた「尊王攘夷」の勢い

黒船来航後、尊王攘夷《そんのうじょうい》がトレンドとなる。長い間、徳川幕府に支配されてきた人々は、幕府の外国への弱腰な対応を見て、その力が虚構にすぎないことを知り、天皇を中心にして日本の国難を乗り切ろう、と考え始めた。この「尊王攘夷派」と呼ばれる志士たちは、政治の中心地である京都や江戸に集まり、反幕府運動を始めた。

一方、アメリカの開国・通商要求に揺れる幕府内では、新たな問題が浮上。一三代将軍の徳川家定《いえさだ》は生まれつき病弱で、実子もなかったため、その後継者をめぐって争いが起きていたのだ。紀州藩主の徳川慶福《よしとみ》（家《いえ》茂《もち》）を支持する「南紀《なんき》派」と、一橋《ひとつばし》家の当主・一橋慶喜《よしのぶ》を支持する「一橋派」の争いとなり、幕府は二つの派閥に分かれた。南紀派は、彦根藩主の井伊《いい》直弼《なおすけ》を筆頭に、幕府内有力者（譜代《ふだい》大名）を中心とした勢力。一橋派は、親藩《しんぱん》や外様《とざま》大名、とくに藩政改革に成功して力をつけた「雄《ゆう》藩《はん》」の大名が結集した。幕府は内外に大きな問題を抱えていた。

権力をもたなかった親藩・外様大名

幕府内では譜代大名（関ヶ原の戦い以前からの家臣）が政治の実権を握り、親藩大名（徳川家の血筋を引く家柄）や外様大名（関ヶ原の戦い前後に徳川家に支配された家柄）は、政治に参加できなかった。

一橋派は、水戸藩の徳川斉昭《なりあき》（親藩大名）や薩摩《さつま》藩の島津《しまづ》斉《なり》彬《あきら》（外様大名）らが中心で、政治参加を狙って活動していた。

さまざまな勢力が幕府に働きかける

アメリカからの開国要求に対し、「開国」か「攘夷」かが論争の的になる。これに幕府がいち早く開国を決めたことで、諸勢力の反発が生まれた。

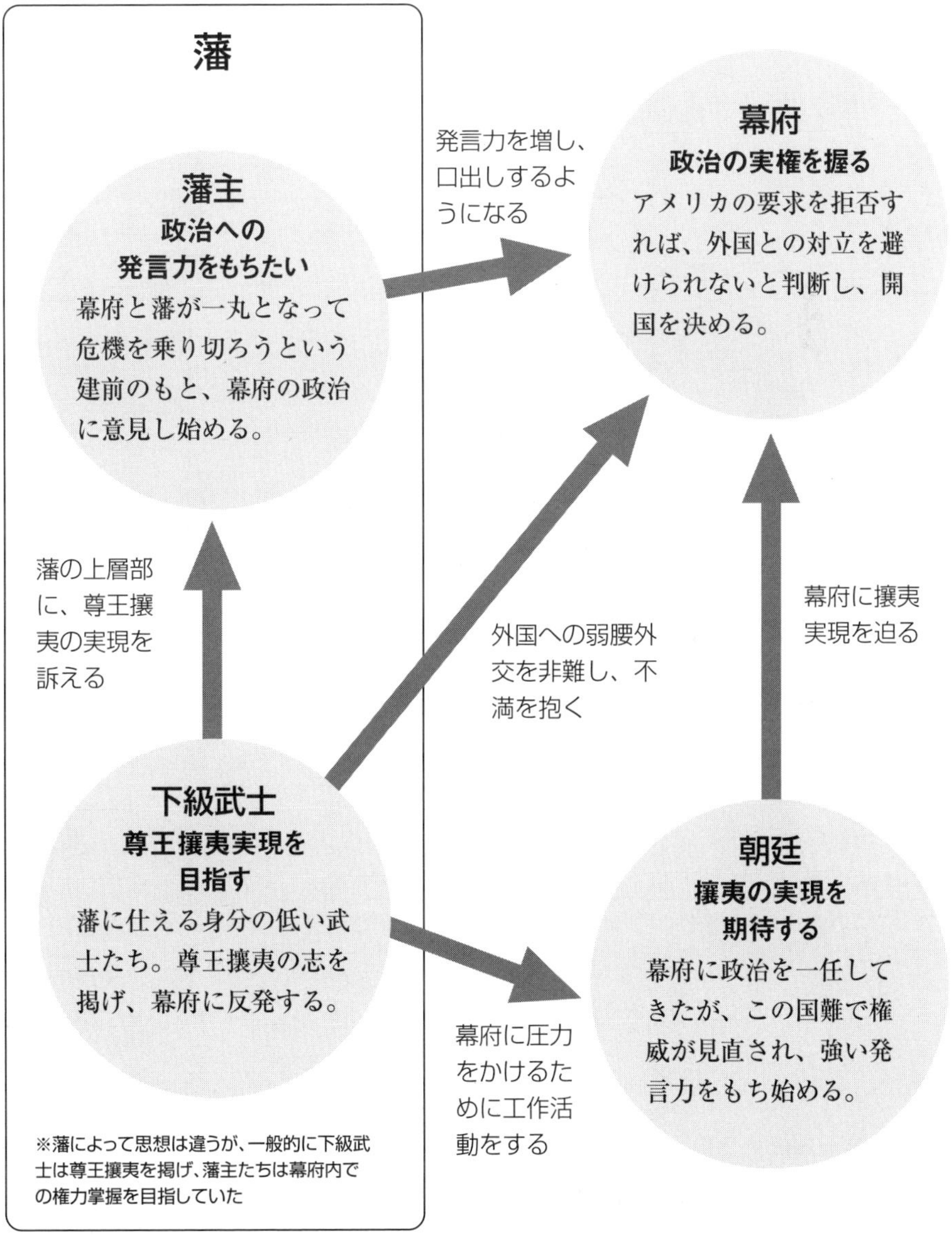
藩
藩主
政治への
発言力をもちたい
幕府と藩が一丸となって危機を乗り切ろうという建前のもと、幕府の政治に意見し始める。
発言力を増し、口出しするようになる
幕府
政治の実権を握る
アメリカの要求を拒否すれば、外国との対立を避けられないと判断し、開国を決める。
藩の上層部に、尊王攘夷の実現を訴える
外国への弱腰外交を非難し、不満を抱く
幕府に攘夷実現を迫る
下級武士
尊王攘夷実現を
目指す
藩に仕える身分の低い武士たち。尊王攘夷の志を掲げ、幕府に反発する。
朝廷
攘夷の実現を
期待する
幕府に政治を一任してきたが、この国難で権威が見直され、強い発言力をもち始める。
幕府に圧力をかけるために工作活動をする
※藩によって思想は違うが、一般的に下級武士は尊王攘夷を掲げ、藩主たちは幕府内での権力掌握を目指していた

江戸
再遊学

自分の進むべき道を探していた

［年代］
1854年～
1856年8月

［場所］
江戸
土佐

剣か政治か、龍馬の分岐点

坂本家の次男坊であった龍馬。坂本家は兄が継いでいたため、龍馬は人生の岐路に立っていた。

龍馬は、自分は何をするべきか、選択を迫られていた
政治活動家の道
不安定だがやりがいがある
剣術家の道
安定した生活を得られる

尊王攘夷運動に身を投じる

江戸で多くの人物と出会い、尊王攘夷《そんのうじょうい》の影響を受けた。時代に影響を与える活動をしたいとの願望もあった。

剣術家として独り立ちする

剣の腕前は高く、土佐で道場を開けば、それなりに暮らせたはず。他藩から剣術師範に招かれた逸話もある。

人との出会いが政治活動への道を拓く

いくら剣の腕を磨いても、一人の敵しか相手にできない。同志を増やして、外国に立ち向かうための活動をすべきと考えた。

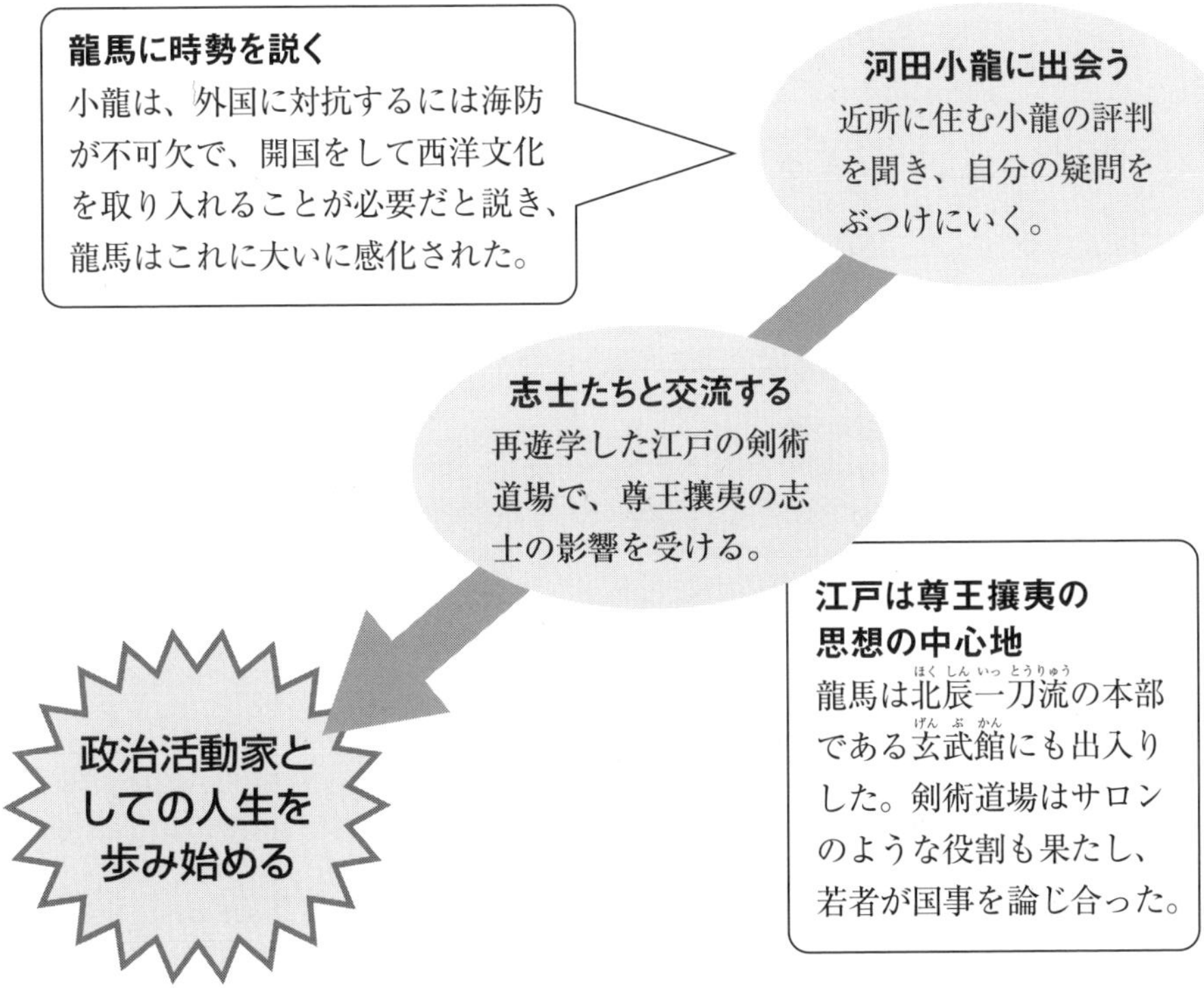
河田小龍に出会う
近所に住む小龍の評判を聞き、自分の疑問をぶつけにいく。
龍馬に時勢を説く
小龍は、外国に対抗するには海防が不可欠で、開国をして西洋文化を取り入れることが必要だと説き、龍馬はこれに大いに感化された。
志士たちと交流する
再遊学した江戸の剣術道場で、尊王攘夷の志士の影響を受ける。
江戸は尊王攘夷の思想の中心地
龍馬は北辰一刀流《ほくしんいっとうりゅう》の本部である玄武館《げんぶかん》にも出入りした。剣術道場はサロンのような役割も果たし、若者が国事を論じ合った。
政治活動家としての人生を歩み始める

藩から許された一五ヵ月の遊学期限が過ぎ、土佐へ帰った龍馬。

帰郷した龍馬に強く影響を与え、進むべき道のヒントを示したのが、河田小龍《かわだしょうりょう》という人物である。画家ながら洋学の心得があり、欧米事情に詳しく、土佐でも指折りの知識人として知られていた。

小龍から、文明の進んだ外国と戦ったところで勝ち目はないことを説かれた龍馬。同時に、外国の発展ぶりを聞き、「世界」を強く意識するようになったという。

一八五六年（安政《あんせい》三）八月、龍馬は二度目の江戸遊学に出る。前回同様に土佐藩邸に滞在しながら千葉道場へ通い、稽古に励む。同時にさまざまな志士との交流を通じて、大きく成長を遂げていく。

時勢の認識

水戸の尊王攘夷派志士が龍馬の下を訪れる

［年代］
1858年
9月〜11月

［場所］
土佐

尊王攘夷運動の一端に触れる

幕府の権威回復を狙い、大老・井伊直弼が強権政治を発動。これに対し、各地の志士が立ち上がる。

井伊直弼が大老に就任
南紀《なんき》派の政治工作で、譜代大名の中心的存在の井伊（彦根藩主）が選ばれた。

大老とは？
将軍を補佐して政治を行う老中《ろうじゅう》より上の役職。政治を仕切る最高職。

井伊の独断で難問を解決
大老としての強大な権力を使い、反対する尊王攘夷派を抑えつけて、断行する。

難問1
将軍継嗣問題
→南紀派推薦の徳川慶福《よしとみ》を選ぶ。

難問2
条約勅許問題
→アメリカとの貿易を取り決めた日米修好通商条約を、天皇の反対を押し切って調印する。

龍馬が二度目の遊学を終えて帰藩した頃、時代は大きく揺れ動く。

幕府の大老《たいろう》・井伊直弼《いいなおすけ》が強権政治を行い、諸藩の反感を買っていた。それに対し、幕府の横暴を批判し、諸藩の反発を促そうとする動きが現れる。土佐藩にも、水戸藩から住谷寅之介《すみやとらのすけ》ら二人の尊王攘《そんのうじょう》夷《い》派志士が遊説にきた。彼らは己の正しさや思想を人々に説き、世の中を変えていこうとした。

国を憂え、変革を起こそうとする彼らのような「志士」の出現が、時代を動かす原動力になった。

龍馬を訪ねてきた水戸藩の志士
他藩の者の自由な出入りは認められないため、住谷らは土佐入国の協力を龍馬に求めた。龍馬と住谷には、共通の知人・清河八郎《きよかわはちろう》（北辰一刀流《ほくしんいっとうりゅう》の同門）をもつ縁があった。

龍馬は住谷らを入国させることができず、落胆させてしまう

戊午《ぼご》の密勅が出される
勝手に条約を結んだ幕府を詰問するための指令が、天皇から水戸藩へ下された。

安政《あんせい》の大獄《たいごく》を実施
井伊は幕府の政策に反対する者や、将軍継嗣問題で対立した者を弾圧。

土佐藩主も弾圧される
反幕府運動に関わった多くの学者や志士が逮捕。軽くて謹慎、重い者は死罪を言い渡された。土佐藩主の山内容堂《やまうちようどう》も南紀派の井伊と対立したため、謹慎処分を受ける。

龍馬が本を読みだした!?

幼少期から本を読まないことで知られた龍馬。しかし、二度目の遊学から帰ると、中国の歴史書などを読むようになった。

漢文をでたらめに読む龍馬を友人が冷やかすと、「書物は主旨がわかればそれでよい」といってのけたという。龍馬のおおらかな性格を象徴している。

土佐
勤王党

土佐の仲間がつくった尊王攘夷グループに参加

［年代］
1860年～
1861年

［場所］
土佐

志士としての自覚が生まれる

権力を振るっていた大老の井伊直弼が暗殺された。実行犯は水戸藩士を中心とした18人のグループだった。

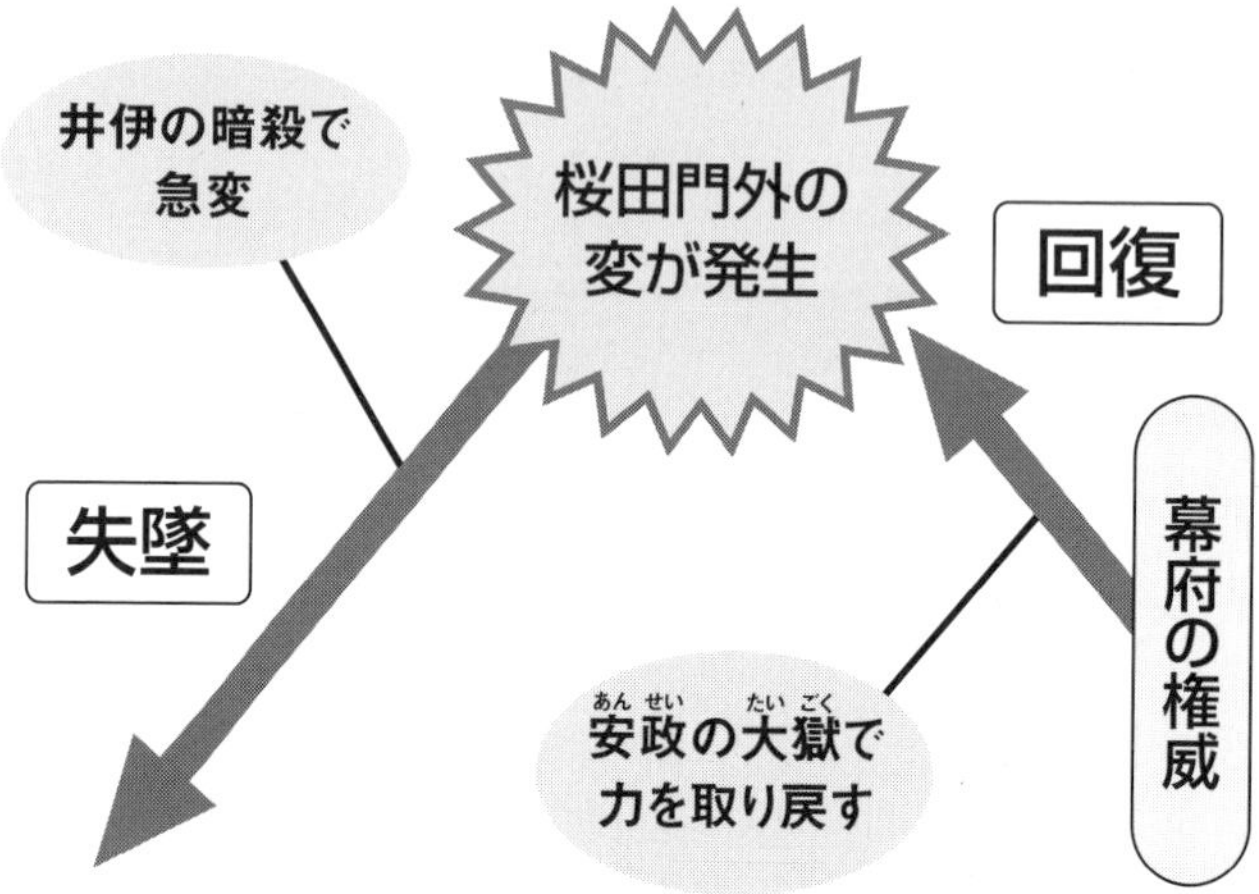

井伊の暗殺で
急変
桜田門外の
変が発生
回復
失墜
幕府の権威
安政《あんせい》の大獄《たいごく》で
力を取り戻す

大老暗殺の報が伝わると、大騒ぎする同志に龍馬は以下のように語ったという。
「興奮することはない。彼らは臣下としてするべきことをしただけだ。自分も、ことにあたるときはこのような働きをするつもりだ」

志士として目覚めるのはもう少し先だが、この頃の龍馬は書物や人を通じ、時勢への認識を深めていた。そんな折、大老《たいろう》の井伊直弼《いいなおすけ》が暗殺される（桜田門外《さくらだもんがい》の変）。

反幕府、尊王攘夷《そんのうじょうい》の気運の高まりを感じた龍馬の親友・武市半平太《たけちはんぺいた》は、諸藩の有志と連携を深めて幕府の専制に対抗するために「土佐勤王党《とさきんのうとう》」を江戸で結成する。

土佐でも同志を募ると、龍馬が最初に加盟し、郷士《ごうし》を中心に二〇〇余名が集まった。中岡慎太郎《なかおかしんたろう》、吉村虎太郎《よしむらとらたろう》なども加盟している。

土佐勤王党にいち早く参加する

江戸遊学時、龍馬と同宿していた武市半平太。その彼が尊王攘夷派グループ「土佐勤王党」の首魁《しゅかい》となる。龍馬はすぐに参加した。

前藩主・山内《やまうち》容堂《ようどう》の意志を継ぐ

井伊直弼と対立した容堂は尊王攘夷派だと武市は信じ、それに応えようとした。

＋

志士との交流で、尊王攘夷思想を抱く

武市は剣の腕前も学問も一流。江戸で長州《ちょうしゅう》や薩摩《さつま》の尊王攘夷派志士らと交流した。

土佐勤王党を結成

身分は低くとも熱い志をもつ在野の者を集めようと奔走。土佐の下士《かし》の間ではカリスマ的な存在である武市の下に多くの下士が集まる。

龍馬の潜在能力の高さを認めていた武市は、結成にあたり、土佐で最初に龍馬を勧誘した

龍馬の初恋の人は志士たちのマドンナ

龍馬の幼なじみで、初恋の相手とされる平井加尾《ひらいかお》。和歌や文筆をたしなむ才女であった。山内容堂の妹が京都の三条家に嫁ぎ、未亡人となったときに侍女として上京。京都の土佐藩邸で仕えた。義侠心に厚く、困窮した土佐藩士を助けた逸話が残る。

土佐勤王党の使者として長州藩を訪れる

［年代］
1862年
1月

［場所］
土佐
長州

土佐勤王党《とさきんのうとう》に加盟した二ヵ月後、龍馬は剣術修行の名目で藩から許可をもらい、土佐を出国。武市半《たけちはん》平太《ぺいた》に頼まれ、勤王党の使者として、長州《ちょうしゅう》へ向かったのである。

会いにいったのは、長州藩でも秀才として名高い久坂玄瑞《くさかげんずい》。龍馬は半平太から託された手紙を渡し、久坂をはじめ、長州藩士らと会談した。長州滞在は、一〇日間におよび、その間にさまざまな人物と会った。このなかで龍馬に、「藩」という枠を離れ、日本を変えるという思想が芽生えていく。

思うように行動できない

山内容堂《やまうちようどう》が隠居している間、腹心の吉田東洋が藩政改革を推進。その方針は土佐勤王党の目標と異なっていた。

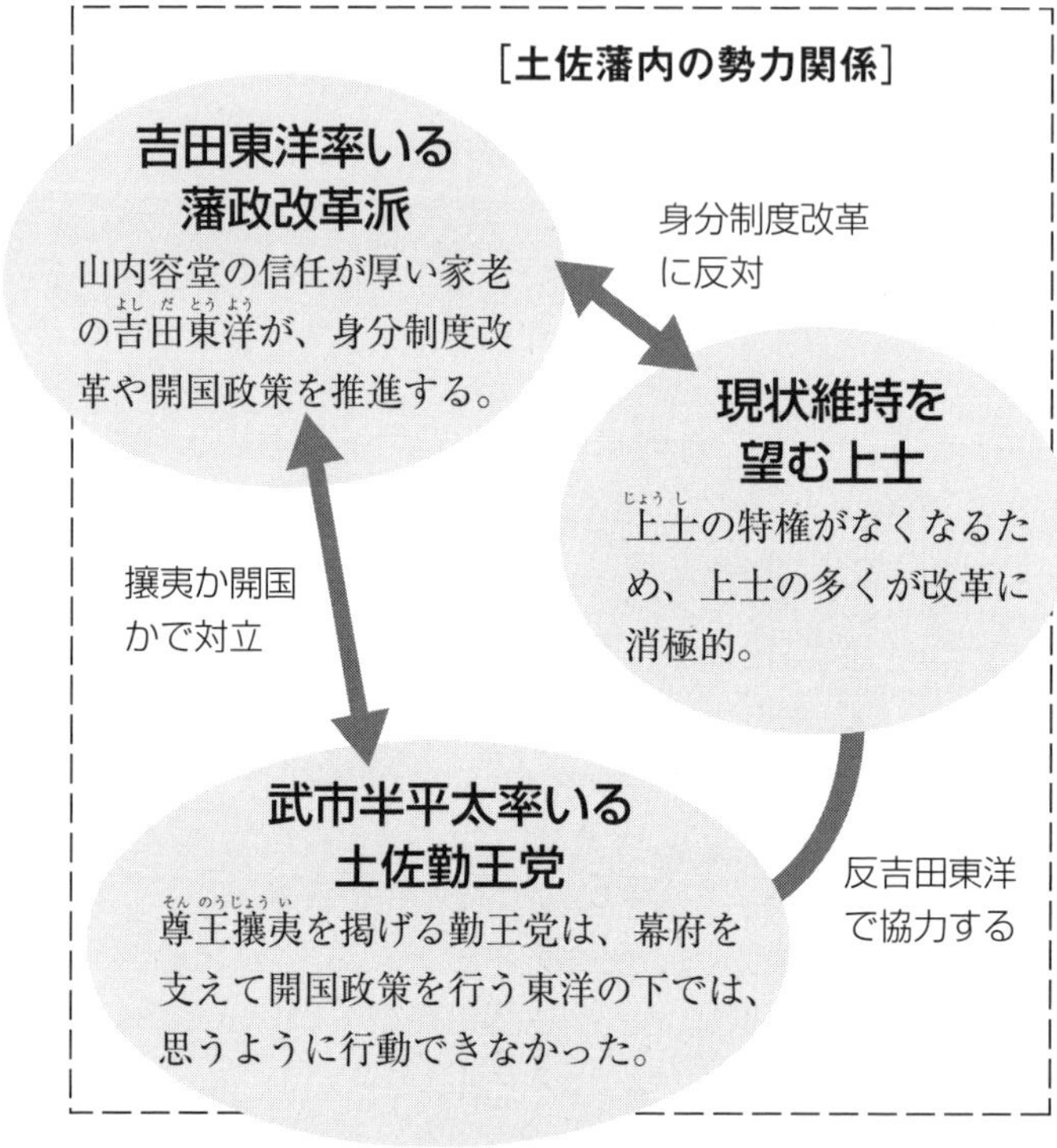
［土佐藩内の勢力関係］
吉田東洋率いる藩政改革派
山内容堂の信任が厚い家老の吉田東洋《よしだとうよう》が、身分制度改革や開国政策を推進する。
身分制度改革に反対
現状維持を望む上士
上士《じょうし》の特権がなくなるため、上士の多くが改革に消極的。
攘夷か開国かで対立
武市半平太率いる土佐勤王党
尊王攘夷《そんのうじょうい》を掲げる勤王党は、幕府を支えて開国政策を行う東洋の下では、思うように行動できなかった。
反吉田東洋で協力する

久坂の言葉が、龍馬の心を揺さぶる

長州の実力者・久坂玄瑞と会った龍馬は、久坂の決意を聞いて大いに心を動かされた。それが龍馬の進むべき道を決定づける。

久坂玄瑞

諸侯たのむにたらず、公卿たのむにたらず、草莽志士糾合義挙のほかにはとても策これなき
→藩主や公卿には頼らず、在野の志のあるもので協力し合うしか方法はない。

龍馬に藩を超える思想を与えた

志士で連合する
藩という枠にとらわれていては、大事は成せない。藩を抜けて在野の志ある者を集め、大きな行動につなげたい。
藩に仕える
土佐勤王党は、土佐藩ありき。土佐藩全体の論調を尊王攘夷に変えて組織として動く。当時としては常識的な考え方。

尊王攘夷に燃える長州藩の動き

龍馬が訪れた長州藩。のちに薩摩《さつま》藩とともに、幕府を討つ中心的な存在となる雄藩《ゆうはん》である。当時は長州藩士の吉田松陰《よしだしょういん》が「攘夷論」をとなえ、松下村塾《しょうかそんじゅく》という私塾を開いていた。そこの門下生たちが攘夷論に賛同し、大きな勢力をつくり始めていたのである。

松陰が安政《あんせい》の大獄《たいごく》で獄死すると、桂小五郎《かつらこごろう》や久坂玄瑞らがその遺志をついで「尊王攘夷」を掲げて活動を始める。その多くが京都や江戸に進出し、過激な尊王攘夷派志士として跋扈《ばっこ》する。

伝統的に幕府への反感が根強かった長州では、反幕府思想をさらに強めていく。

藩を抜け出して、「自由人」龍馬が誕生する

［年代］
1862年3月

［場所］
土佐　長州　薩摩

《全国の志士に衝撃を与えた薩摩藩の行動》

脱藩浪士たちは幕府を倒そうと考え始めていた。そこへ、雄藩《ゆうはん》の筆頭・薩摩藩が、武力をもって立ち上がった。

島津久光が京都へ
薩摩藩の代表・島津久光《しまづひさみつ》は、1000名の兵を率いて京都へ。武力をもって、幕府へ政治改革を迫る。

思惑
幕府内での薩摩藩の発言力を高めたい

↑ **期待**

志士たちが京都に集結する
全国の尊王攘夷派浪士たちは、薩摩藩の京都ゆきを幕府打倒のための武力蜂起と考え、それに加わろうと京都へ集まる。
［主な浪士］真木和泉《まきいずみ》（久留米藩）、平野国臣《ひらのくにおみ》（福岡藩）、清河八郎《きよかわはちろう》（庄内藩）、久坂玄瑞《くさかげんずい》（長州《ちょうしゅう》藩）、吉村虎太郎（土佐藩）

思惑
幕府を倒して、天皇を中心とした政治を実現したい

↕ **相違する**

　土佐へ戻った龍馬は、脱藩《だっぱん》を決意する。このとき、龍馬より先に帰国していた吉村虎太郎《よしむらとらたろう》は武市半《たけちはん》平太《べいた》に、薩摩《さつま》藩の上洛に呼応して脱藩・挙兵すべきと訴えたが、拒絶されていた。武市は、あくまで土佐藩として活動する信念を曲げなかった。藩を脱出して浪人になる脱藩は、主を裏切る重罪であり、厳罰に処されることさえあった。

　結局、龍馬は武市と袂を分かち、忍んで土佐を脱藩。伊予から長州、そして九州へと渡り歩いた末、江戸へ出た。ときに二八歳。

挙兵計画には賛同せず、各地をめぐる

龍馬は、当初一人で脱藩したのではない。何人かの同行者がいたが、結局一人で諸国をめぐり、江戸へいくことになる。

［龍馬の脱藩経路］
夜のうちに勤王党の同志・沢村惣之丞《さわむらそうのじょう》とともに出発。難路を急ぎ歩き、翌日には国境付近へ。その翌日には伊予（愛媛県）へ出た。

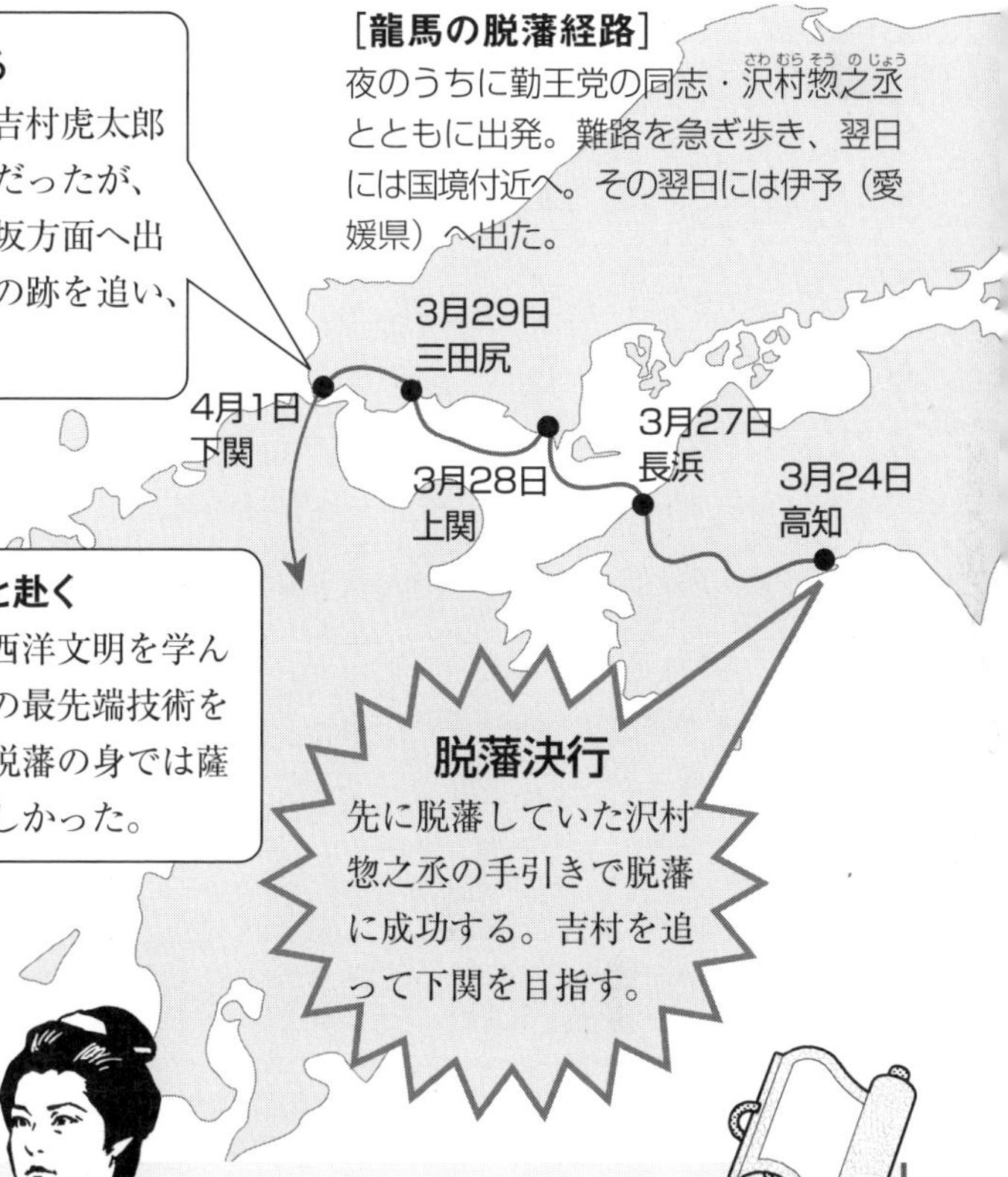

3月29日
三田尻
4月1日
下関
3月28日
上関
3月27日
長浜
3月24日
高知

沢村と別れる
下関で、先に出発した吉村虎太郎たちと合流する手はずだったが、吉村らはすでに京・大坂方面へ出発していた。沢村はその跡を追い、龍馬は九州へ向かう。

九州へと赴く
薩摩藩は早くから西洋文明を学んでいた。龍馬はその最先端技術を見ようとしたが、脱藩の身では薩摩藩への入国は難しかった。

脱藩決行
先に脱藩していた沢村惣之丞の手引きで脱藩に成功する。吉村を追って下関を目指す。

乙女は、家のことは心配するなと名刀・肥前忠広《ひぜんただひろ》を餞別《せんべつ》とした

親類から警戒された龍馬の脱藩

龍馬の脱藩計画を見抜いた兄の権平《ごんぺい》は刀を取り上げて、親類にも龍馬の動きを警戒するように伝えたといわれる。

しかし、困っている龍馬に乙《と》女《め》が坂本家秘蔵の名刀を渡す。姉の気持ちに感謝し、龍馬は動乱の時代に踏み出すことになる。

海軍創設を目指した勝海舟の「一番弟子」

時代背景 1862年〜1864年

幕府勢力と尊王攘夷派の対立が激化

尊王攘夷《そんのうじょうい》の波に押されていた幕府だったが、約二六〇年にもおよんだ支配体制は、まだまだ健在だった。外国からの脅威に対抗するため、幕府の支配力を生かし、国の安定を保ちたいと考える大名も多かった。

そのなかで生まれたのが「公武合体《こうぶがったい》」政策だ。権威回復を狙う幕府は、朝廷との結びつきを強化しようと考えた。これが公武合体である（公は朝廷、武は幕府）。古来、朝廷（天皇家）は唯一無二の存在として尊重され、伝統的な権威は幕府よりも強い。尊王攘夷も、朝廷を頂点として考え、幕府の専制を抑えようとする思いから広まった思想である。

第一の手段として考えられたのが政略結婚。孝明《こうめい》天皇の妹・一七歳の和宮《かずのみや》と一四代将軍・徳川家茂《いえもち》（慶福《よしとみ》）を結婚させた。しかし、反幕府色を強めていた尊王攘夷派の志士たちはこれを面白く思わず、テロ行為を始める。幕臣や幕府に好意的な人物など「公武合体」を推進した人物を「天誅《てんちゅう》」と称して殺害し、反幕府の姿勢を示したのである。

薩摩藩が勢力を拡大する

西日本で、長州《ちょうしゅう》藩を超える実力をもつのが、薩摩《さつま》藩である。代表の島津久光《しまづひさみつ》は京都に兵を進め、幕府に政治改革を迫った。これを実現させたことで（文久《ぶんきゅう》の改革）、薩摩藩の発言力は中央政界で強いものとなる。

久光は、小松帯刀《こまつたてわき》や大久保利通《おおくぼとしみち》といった優秀な若者を数多く登用し、幕末政界の主役となっていく。

江戸と京都で権力が分裂する

幕府側勢力は公武合体で難局を乗り切ろうとするが、幕府をつぶしたい尊王攘夷派（反幕府）の志士が邪魔をする。

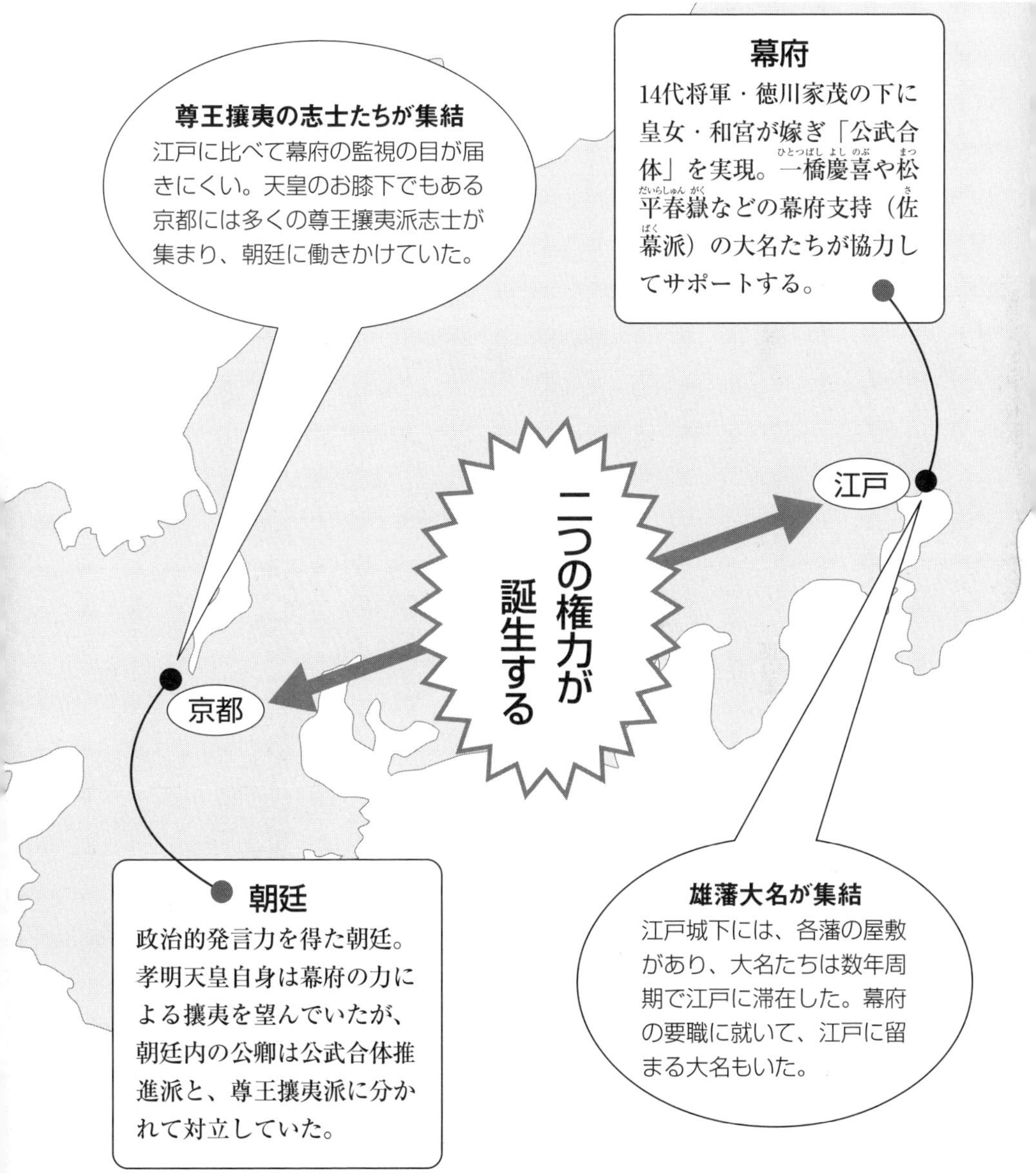
幕府
14代将軍・徳川家茂の下に皇女・和宮が嫁ぎ「公武合体」を実現。一橋《ひとつばし》慶喜《よしのぶ》や松《まつ》平春《だいらしゅん》嶽《がく》などの幕府支持（佐《さ》幕《ばく》派）の大名たちが協力してサポートする。
尊王攘夷の志士たちが集結
江戸に比べて幕府の監視の目が届きにくい。天皇のお膝下でもある京都には多くの尊王攘夷派志士が集まり、朝廷に働きかけていた。
二つの権力が誕生する
江戸
京都
朝廷
政治的発言力を得た朝廷。孝明天皇自身は幕府の力による攘夷を望んでいたが、朝廷内の公卿は公武合体推進派と、尊王攘夷派に分かれて対立していた。
雄藩大名が集結
江戸城下には、各藩の屋敷があり、大名たちは数年周期で江戸に滞在した。幕府の要職に就いて、江戸に留まる大名もいた。

潜伏活動

脱藩者の身分で幕府の要人に会う

［年代］
1862年

［場所］
大坂　京都
江戸

潜伏しながら情報を収集する

脱藩は重罪。追手に捕まらないよう各地に潜伏しながら、江戸へと向かう。道中さまざまな人物と会う。

縁頭《ふちがしら》
縁頭には装飾が施され、高く売れる

京都

刀の縁頭を売る
道中、金に困った龍馬は刀の縁頭を売り、柄には手ぬぐいを巻いて旅を続けた。

大坂

6月11日
沢村惣之丞《さわむらそうのじょう》と再会
京都にいた沢村と大坂で再会。挙兵計画に参加した吉村虎太郎《よしむらとらたろう》の捕縛を伝え聞く。

田中作吾《たなかさくご》と会う
土佐藩士の望月清平《もちづきせいへい》の使者・田中から、龍馬に吉田東洋暗殺の嫌疑がかかっていると知らされる。

　龍馬が脱藩《だっぱん》して間もなく、土佐藩では土佐勤王党《とさきんのうとう》が吉田東洋《よしだとうよう》を暗殺。同時期に脱藩したため、龍馬も容疑者とされ、脱藩罪と併せて「お尋ね者」になってしまった。
　江戸に着いた龍馬は、剣術修行で世話になった千葉《ちば》道場に転がり込む。ついに藩から解き放たれ、自由な活動を始めた。
　そんな折、幕府の政事総裁職《せいじそうさいしょく》（大《たい》老《ろう》に匹敵する役職）である松平春《まつだいらしゅん》嶽《がく》に会う機会を得る。その席で、同じく江戸にいた勝海舟《かつかいしゅう》を紹介してもらうことになる。

久坂玄瑞

7月23日

樋口真吉《ひぐちしんきち》に会う

龍馬より20歳上の土佐藩士。京都で再会し、龍馬に金1両をめぐんだ。

11月

久坂玄瑞《くさかげんずい》に会う

8月に江戸に入る。その後、久坂玄瑞と再会。酒を飲み、国事を語り合ったという。大坂や京都での潜伏活動に比べ、江戸では活発に動くようになる。

江戸

12月

松平春嶽に会う

前福井藩主で、幕府の政事総裁職をつとめる春嶽を、一介の浪士である龍馬が訪ねる。二人は身分を超えて互いの人物を認め合う。

今後の行動に悩んだ龍馬は、幕府上層部への直談判を考え、それをすぐさま実行した

師との出会い

勝海舟と出会い、志士として開花する

人生の目標を見出す

脱藩浪士となった龍馬に、人生の転機が訪れる。生涯の師となる勝海舟との出会いが、龍馬を変えた。

勝海舟の持論に飛びつく
【勝海舟の持論】
◯西洋の軍事力は強大
◯対抗するには貿易で国を富ませることが不可欠
◯挙国一致して海軍を創設
◯船を操る人材を育成
龍馬に、日本を変えるための構想を具体的に示した。
単純な尊王攘夷論を捨てる

勝海舟が示す日本の未来に、自分が進むべき道を見る龍馬

龍馬は春嶽《しゅんがく》の紹介状を手に、同郷の近藤長次郎《こんどうちょうじろう》と門田為之助《かどたためのすけ》を連れて、赤坂の勝海舟《かつかいしゅう》邸を訪ねた。

海舟は一八六〇年に幕府の遣米使節の一員としてアメリカへ渡り、海外情勢に通じた傑物。

世界情勢や開国論、海軍と貿易の必要性を説かれた龍馬は心酔し、その場で弟子入り。以後、その下で海軍設立のために奔走する。

海舟はほどなく大坂へ出張した。その帰途、下田に立ち寄ったときに、山内容堂《やまうちようどう》と会い龍馬の脱藩《だっぱん》罪を許してもらうことになる。

［年代］
1862年～1863年

［場所］
江戸
京都

勝の尽力で、脱藩罪を許される

龍馬の主にあたる、前土佐藩主の山内容堂とタイミングよく鉢合わせした海舟は、許しを得るために面会を求めた。

勝海舟

海舟の考え

気兼ねなく修行させたい
持論の実現に、龍馬のような行動的な男が必要。脱藩を許し、伸び伸びと活動させたい。

容堂の宿舎を訪れ、許しを願い出る

山内容堂

海舟の申し入れを認める
幕府の要職にある海舟の願いとあり、容堂も承諾。酒席の場で、扇に自らのあだ名「鯨海酔侯《げいかいすいこう》」とサインして許可した。

土佐藩邸に数日間謹慎させて、無罪放免

坂本龍馬

土佐藩士

脱藩罪を許され、再び土佐藩士の身分に

勝海舟の下で修行中
○海軍と貿易のために航海術を学ぶ
○ともに活動する同志を勧誘
海舟は私設の海軍塾を開いていた。龍馬、近藤、門田が入門。続いて龍馬と同じ土佐出身者のほか、紀州の陸奥源二郎《むつげんじろう》などが集まる。幕府の軍船を使い、航海術を学び始める。

龍馬が勧誘した同志
- 千葉重太郎《ちばじゅうたろう》（剣術道場師範）
- 黒木小太郎《くろきこたろう》（千葉の門下生）
- 望月亀弥太《もちづきかめやた》（土佐藩士）
- 千屋虎之助《ちやとらのすけ》（土佐藩士）
- 新宮馬之助《しんぐううまのすけ》（土佐藩士）
- 高松太郎《たかまつたろう》（土佐藩士）
- 沢村惣之丞《さわむらそうのじょう》（土佐藩士）
- 陸奥源二郎（紀州藩士）

龍馬の魅力①

人の話から最先端の知識を吸収する

ここが魅力

- 新しい知識を拒絶せずに受け入れられる
- 話の要点をつかむのがうまい
- 得た知識から新しいアイディアにつなげる

龍馬を成長させた耳学問

久《く》坂《さか》玄《げん》瑞《ずい》
↓
藩という枠組みのなかでは、志士として自由に活動できないと主張。

勝《かつ》海《かい》舟《しゅう》
↓
外国の侵略に備えるために海軍をつくる。最新鋭の軍備の必要性を主張。

大《おお》久《く》保《ぼ》一《いち》翁《おう》
↓
幕府が政権を朝廷に返す（大政《たいせい》奉還《ほうかん》）案と諸藩による議会制を主張。

河《かわ》田《だ》小龍《しょうりょう》
↓
幕府の軍事力や武士の刀では、諸外国には太刀打ちできないと主張。

龍馬は人の話から新しい知識を取り入れ、それを実行した

敵対関係にあった相手に弟子入りする

尊《そん》王《のう》攘《じょう》夷《い》の志士にとって、幕府は敵対するべき存在。しかし、龍馬はそんなことはお構いなしに、幕臣（幕府の家来）である勝海舟を訪ね、話を聞いた。

勝海舟の開明的な発想をすぐに理解し、自分の進むべき道を見出した龍馬。すぐさま弟子入りを志願。幕臣と尊王攘夷の志士という奇妙な師弟関係が生まれた。

海軍操練所

攘夷一色の世論を横目に、龍馬はその先をゆく

［年代］
1863年

［場所］
神戸　福井
京都

《目標を実現するために奔走する》

現在の幕府の軍事力では攘夷など不可能。頭が固い幕府上層部や公卿たちに海軍の必要性を説いてまわった。

龍馬と海舟の目標

海軍を創設して、日本が一丸となって外国に対抗する

将軍を軍艦に乗せ、その有用性を体験させた

徳川家茂を説得
開国に乗じ、外国が武力で侵略してくる危険がある。将軍に海防の必要性を説く。

海軍学校創設の許可を得る

尊王攘夷派公卿を説得
攘夷のためには軍艦を備える必要があると説き、朝廷から幕府へ働きかけてもらう。

尊王攘夷派公卿筆頭の姉小路公知《あねがこうじきんさと》を軍艦に乗せて説得する

勝海舟

黒船来航以来、国内の世論は「攘《じょう》夷《い》」一色。一八六三年の春には、一四代将軍の徳川家茂《いえもち》が京都で朝廷に攘夷決行を誓っていた。

将軍が京都を訪れたのは約二三〇年ぶりで、この異例の出来事が当時の混乱をものがたっている。

家茂は、大坂にも足を運び、軍艦・順動丸《じゅんどうまる》で大坂湾を巡視。勝海《かつかい》舟《しゅう》はこの案内役を通じて、神戸に海軍操練所《かいぐんそうれんじょ》（海軍学校）をつくらせてほしいと家茂に直接願い出て、許可を得た。海軍創設の夢に向けた第一歩だった。

福井藩を頼りにする

龍馬は松平春嶽《まつだいらしゅんがく》と再会。海軍塾の設立資金として、1000両を借りる。春嶽は開明派の人物として名高く、海防の重要性を理解していたうえ、龍馬を信頼して出資に応じた。

松平春嶽

坂本龍馬

海舟は、海軍塾の出資金を募るため、龍馬を福井藩に派遣

出資

海軍操練所を建設する

海舟が、操練所の建設地に選んだのは神戸（兵庫県）。当時は名もない漁村だったが、天然の良港になると見込んだからであった。海軍操練所の建設が始まると同時に、海舟は福井藩の出資金を元手に私塾を開いて指導を始めた。

海軍塾

操練所が完成するまでの海舟の私塾。龍馬をはじめとして脱藩者も受け入れた。

神戸海軍操練所

1864年5月に完成。幕府の公的機関である日本初の海軍士官養成所。教育の場は私塾から操練所へ。

長州藩が攘夷を強行。龍馬、大いに嘆く

攘夷を決行しない幕府にしびれを切らした長州《ちょうしゅう》藩は、単独で外国の軍艦を砲撃。外国勢を一時逃走させたが、のちに反撃を受け、長州藩は壊滅的な状況に陥る。何もしない幕府、無謀な攘夷決行に、龍馬は「日本を洗濯する」と意気込んだ。これがのちの倒幕思想へとつながる。

1863年6月の乙女《とめ》宛の手紙で、その思いをつづっている

……江戸の同志、はたもと大名其余段々と心を合セ、右申所の姦吏を一事に軍いたし打殺、日本を今一度せんたくいたし申候事ニいたすべくとの神願ニて候。……

……

土佐勤王党壊滅

故郷の土佐藩で旧友たちが断罪される

［年代］
1863年

［場所］
土佐

京都では、尊王攘夷《そんのうじょうい》派志士によるテロ活動が激化。暴力を背景に天皇主導の攘夷実現を進めた。

しかし、これには朝廷も難色を示す。孝明《こうめい》天皇は、朝廷と幕府が手を組んで攘夷を行うべきだと考えていたからだ（公武合体論《こうぶがったいろん》）。

それを受け、公武合体派の会津《あいづ》藩や薩摩《さつま》藩が、尊王攘夷派の首魁《しゅかい》である長州《ちょうしゅう》藩や公卿たちを、京都御所から追放した（八月十八日の政変）。この政変の影響は土佐藩にも波及。山内容堂《やまうちようどう》は土佐勤王党の弾圧を開始する。

《ずれていた容堂と武市の思惑》

あくまで土佐藩としての活動にこだわった武市半平太《たけちはんぺいた》。その理想へのかたくなさが悲劇を招く。

表向き
もともと尊王の志も強く、時流の流れに乗って、表向きは佐幕よりも尊王攘夷をとなえていた。

山内容堂

本心
親・徳川家の色が強く、容堂は幕府を存続させたいと考えていた（佐幕《さばく》思想）。攘夷には消極的。

信頼

嫌悪

反幕府の姿勢と攘夷思想を危険視

武市は容堂の考えを尊王攘夷だと信じ、本心を見抜けなかった。容堂は、過激な勤王党をつぶそうとしていた

武市半平太

勤王党の考え
尊王攘夷、さらに反幕府の意向を強くもつ。藩を挙げて尊王攘夷活動に突き進もうとした。

次々と龍馬の旧友が命を落とす

各地で尊王攘夷派グループの勢いが失墜。龍馬にとっては土佐の仲間であった旧知の者たちも、数多く命を落とすことになってしまった。

［1863年］

6月

粟田宮令旨事件《あわたのみやりょうじじけん》

土佐藩の尊王化のため、勤王党員が尊王攘夷派公卿・粟田宮に働きかけた。勤王奨励の令旨を得て、土佐藩を動かそうとしたが失敗し、処罰された。

×間崎哲馬《まさきてつま》（切腹）
×平井収二郎《ひらいしゅうじろう》（切腹）
×弘瀬健太《ひろせけんた》（切腹）

8月17日

天誅組《てんちゅうぐみ》の乱が勃発

天皇主導の攘夷実現に呼応して、倒幕《とうばく》の兵を挙げた。しかし、政変で尊王攘夷派が衰退すると計画は失敗。幕府軍に鎮圧された。

×吉村虎太郎《よしむらとらたろう》（戦死）
×那須信吾《なすしんご》（戦死）
×安岡嘉助《やすおかかすけ》（戦死）

8月18日

八月十八日の政変

久坂玄瑞《くさかげんずい》ら長州藩士は、尊王攘夷派公卿を連れて長州へと帰る。

久坂玄瑞

尊王攘夷派の力が衰退

薩摩と長州が犬猿の仲に

長州と薩摩はもともと仲が悪かったが、この対立でさらに悪化した。

土佐勤王党壊滅

勤王党員は捕縛され、これまでの所業と吉田東洋《よしだとうよう》暗殺の罪を問われる。武市をはじめとして多くの党員が散った。

×武市半平太（切腹）
×岡田以蔵《おかだいぞう》（斬首）
×島村衛吉《しまむらえきち》（獄死）

武市半平太

土佐からの帰郷命令が龍馬にも忍び寄る

［年代］
1863年〜1864年

［場所］
京都
長崎

土佐勤王党《とさきんのうとう》や天誅組《てんちゅうぐみ》など、抑えの利かなくなった尊王攘夷《そんのうじょうい》派組織は、各地で駆逐された。

そんななか、幕府は過激浪士の取り締まりを強化。新選組《しんせんぐみ》などの治安部隊を京都に配備した。土佐藩もこの流れを受け、土佐の脱藩《だっぱん》者や藩士らに帰藩命令を出す。龍馬も例外ではなかった。

長州《ちょうしゅう》藩が去った京都では、雄藩《ゆうはん》大名の話し合いで政治を動かすための「参予《さんよ》会議」が開かれた。しかし、幕府や雄藩の代表は主導権をめぐり対立。会議は失敗する。

再び脱藩をする

一時は脱藩罪を許された龍馬だが、尊王攘夷派志士が厳しい取り締まりを受けるようになり、状況が一変する。

勝海舟
土佐藩への帰郷命令を出す
土佐藩
土佐勤王党はつぶしたが、ほかの尊王攘夷派志士も野放しにはできない。
海軍操練所
龍馬のほか、操練所には土佐出身の尊王攘夷派志士が集まっていた。
海舟は帰郷延期を願い出る
坂本龍馬
帰郷命令を無視
龍馬らは、戻ったら捕まり、最悪の場合は切腹処分も免れないと判断。命令を無視し、再び脱藩者になる。

蝦夷地に可能性を見た

龍馬たちは航海術を学びながら、新たな計画を進めていた。自分たちの身を守りつつ、国のために働ける有効な策と思われたが……。

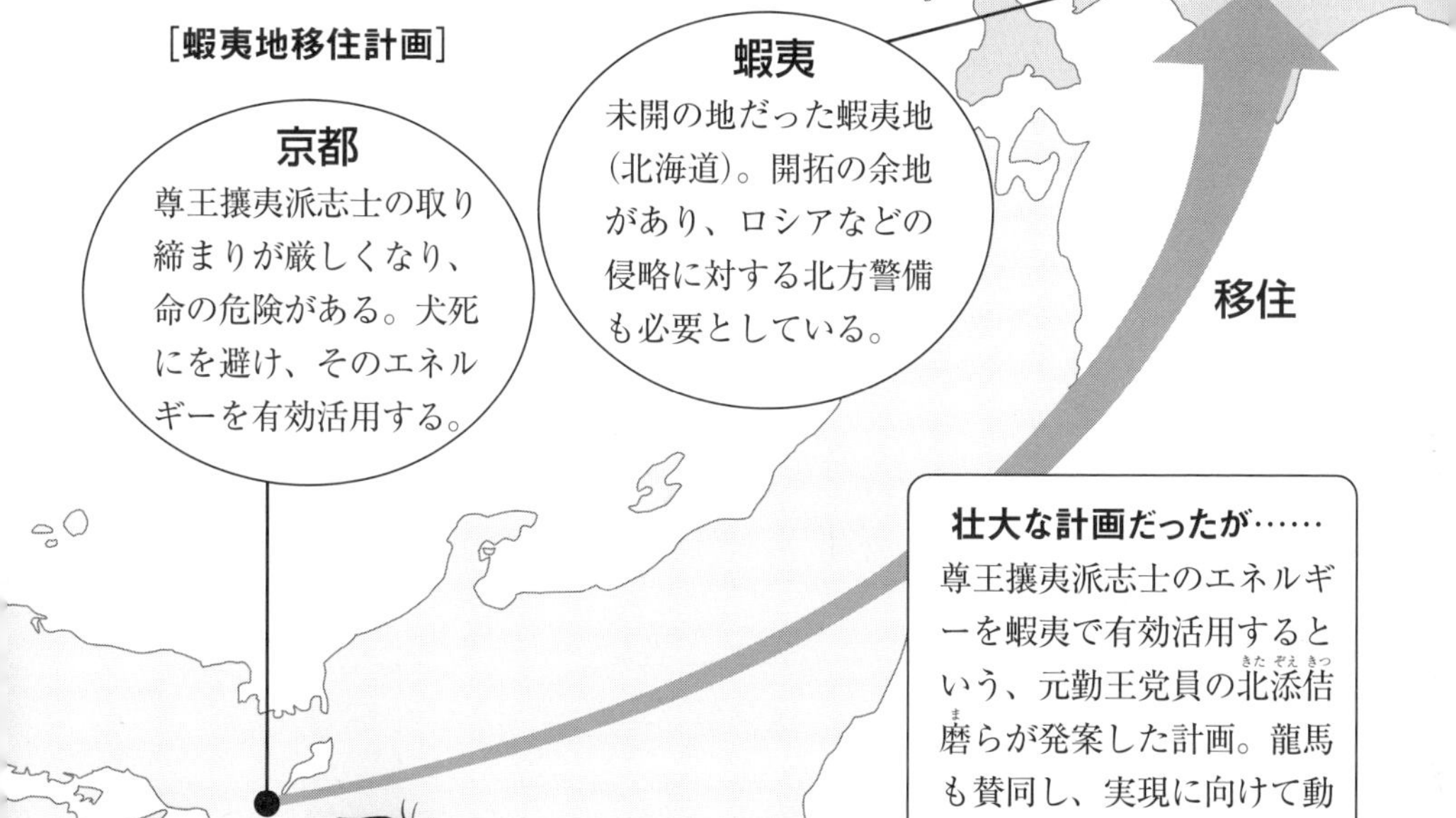

［蝦夷地移住計画］
京都
尊王攘夷派志士の取り締まりが厳しくなり、命の危険がある。犬死にを避け、そのエネルギーを有効活用する。
蝦夷
未開の地だった蝦夷地（北海道）。開拓の余地があり、ロシアなどの侵略に対する北方警備も必要としている。
移住
壮大な計画だったが……
尊王攘夷派志士のエネルギーを蝦夷で有効活用するという、元勤王党員の北添佶磨《きたぞえきつま》らが発案した計画。龍馬も賛同し、実現に向けて動き出すが、北添らが新選組に討たれ（池田屋《いけだや》事件）、計画は頓挫する。

龍馬は、名前に同じ「龍」の字を使うことから興味をもったという

「おもしろき女」お龍との出会い

龍馬がのちに妻とする、楢崎《ならさき》龍《りょう》（お龍）とこの頃に出会う。京都の方広寺に潜伏していた龍馬たちに、給仕などの世話役として雇われた。住まいが近く、旅籠に勤めた経験ももつことで選ばれたのだった。

その勝気な性格を気に入った龍馬は「おもしろき女」と手紙で、姉の乙女《とめ》に紹介している。

同志が殺害され、海軍操練所も閉鎖される

［年代］
1864年～1865年

［場所］
神戸
京都

歩む道は違っていたが、武市半平太《たけちはんぺいた》、吉村虎太郎《よしむらとらたろう》といった旧友の投獄や死は、龍馬を大いに嘆かせた。そして、龍馬の身にも、さまざまな難題が降りかかる。

一番の事件は師・勝海舟《かつかいしゅう》の失脚だった。海舟の海軍操練所《かいぐんそうれんじょ》が「尊王攘夷《そんのうじょうい》派の危険分子を育てている」と幕府にみなされ、海舟は罷免となり江戸へ帰された。操練所も閉鎖され、龍馬たちが目指す海軍創設の夢は潰える。

龍馬たちは「不逞《ふてい》浪士」として、幕府に狙われる身となった。

勝海舟が失脚する

幕府の力はまだまだ強大で、それに従う勢力も多い。その流れのなかで、操練所が閉鎖されてしまう。

1864年5月
神戸海軍操練所正式に発足

海舟が軍艦奉行就任
幕政改革を受けて軍艦奉行に就任。海軍を発足させるため、志をもった若者を広く迎え入れた。

尊王攘夷派志士が殺害される
各地に潜伏する長州・土佐の尊王攘夷派志士は、幕府側勢力の報復に遭い、次々と討たれていく。

池田屋事件が発生
京都の治安維持にあたる新選組《しんせんぐみ》が、池田屋《いけだや》（尊王攘夷派の集会所）で会議中の志士を襲撃した。

6月5日

塾生が殺害される
操練所塾生の北添佶磨《きたぞえきつま》、望月亀弥太《もちづきかめやた》が池田屋で戦死したため、操練所の関与が疑われる。

久坂玄瑞

禁門《きんもん》の変が発生

仲間を討たれた長州《ちょうしゅう》の久坂玄瑞《くさかげんずい》らは、2000人を率いて京都へ出兵。しかし、薩摩《さつま》や会津《あいづ》の反撃に遭って敗退。久坂らは戦死する。

海舟が罷免される

幕府内でも、開明的な海舟を批判する者が多く、操練所に浪士を匿っていることを理由に罷免される。江戸謹慎処分となる。

7月19日

8月

9月

11月

1865年3月
神戸海軍操練所閉鎖

西郷隆盛《さいごうたかもり》と対談する

海舟と龍馬は、薩摩のなかで頭角を現しつつあった西郷隆盛と京都で会談。「雄《ゆう》藩《はん》連合」の必要性を語り合い、意気投合した。

西郷隆盛

海軍塾解散

海舟の失脚で、操練所も塾も閉鎖。脱藩《だっぱん》浪士の龍馬たちは路頭に迷う。

海軍営之碑
海軍操練所創設を記念して、勝がつくらせた碑。裏に龍馬や陸奥源二郎《むつげんじろう》などの名も刻まれている

龍馬の魅力②

何事にもものおじしない度胸がある

ここが魅力

- ものおじせずに相手の懐に飛び込む
- 敵意をもたせない人当たりのよさ
- 人間としての器が大きい

身分を気にせず、突撃する行動力

ほかの志士に比べて、広い人脈をもつ。これは、身分や慣習などにとらわれずに、同じ人間として接しようとする龍馬だからこそなせるわざ

幕府の人間
勝《かつ》海舟《かいしゅう》や大久保《おおくぼ》一翁《いちおう》など、幕府の役職に就いている人々。志士の敵であるはずの人間とも進んで交流する。

公卿
姉小路《あねがこうじ》公知《きんさと》や三条《さんじょう》実美《さねとみ》など、尊王攘夷《そんのうじょうい》の急先鋒といえる人物にも会う。しかも、説得して賛同まで得てしまう。

藩主
一介の浪士とはまったく身分が異なるはずの前福井藩主・松平《まつだいら》春嶽《しゅんがく》にも突撃訪問する。話を聞いてみたければ遠慮しない。

浪士狩りをも恐れない並外れた度胸

京都では幕府の巡察隊などが、浪士を捕まえるために市内を巡回していた。向こうからやってくる会津藩の巡察隊に出くわした龍馬。浪士とばれたら大事であるにもかかわらず、平然としている。

龍馬は、道端にいた子犬をかかえ、頬ずりをしながら巡察隊の中央を突っ切った。あっけにとられる巡察隊。龍馬は何事もなくその場を切り抜けたという。

薩長同盟を成し遂げた「総合商社の社長」

時代背景 1864年〜1867年

幕府を倒そうという動きが沸き起こる

尊王攘夷《そんのうじょうい》派の衰退で、危機に立ったのは長州《ちょうしゅう》藩だった。「禁門《きんもん》の変」で御所に向けて発砲するという失態を犯したため、「朝敵《ちょうてき》（朝廷の敵）」とみなされたからだ。その後、朝敵征伐を名目とした幕府軍に屈服し（第一次長州征伐）、藩存続の瀬戸際に立たされていた。ただ、この頃には尊王攘夷論者も攘夷の愚かさを認識し、幕府への反感はそのままに「武力倒幕《とうばく》（武力で幕府を倒す）」へと傾いていく。長州藩の尊王攘夷派でも、高杉晋作《たかすぎしんさく》が中心となり「武力倒幕」の動きが現れ始める。

一方で、勝海舟《かつかいしゅう》などの幕臣や薩摩《さつま》藩などの公武合体《こうぶがったい》派の大名が目指したのは、雄藩《ゆうはん》が連合した「新しい政体」だった。これまでのような幕府の専制ではなく、雄藩が話し合いで政治を行う形である。

しかし、それを目指した「参予《さんよ》会議」は失敗に終わる。そんな折、イギリスとの戦争で手ひどい損害を受けた薩摩藩は、イギリスと和解して独自に貿易を行うなど、幕府から距離を置くようになっていた。

「参予会議」に期待した勝海舟と龍馬

幕府が藩を支配することで続いてきた「幕藩体制《ばくはんたいせい》」は、幕府の弱体化で限界を迎えていた。

そこで勝海舟や龍馬が目指そうとしたのは、上に挙げた「雄藩連合」だった。その前段階として「参予会議」では、各藩の意見交換や意思統一が期待された。しかし、意見はまとまらず、国のあり方をめぐる混乱は深まってしまう。

幕府主導か朝廷主導かで、意見が分裂

将軍と和宮《かずのみや》（孝明《こうめい》天皇の妹）の政略結婚で、一応の「公武合体」が成ったあと、諸勢力は国の主導権をめぐって意見が割れていた。

長州藩
［尊王攘夷派］

政界から締め出され、戦争でも敗れて窮地に陥る。「おとなしく幕府に従おう」と主張する保守派が台頭し始める。

急進派（戦備を整える） **VS** **保守派**（幕府に恭順）

対立

参予会議
［公武合体派］

公武合体派の代表者が集まって、今後の方策を話し合う。しかし、幕府側の代表である一橋慶喜《ひとつばしよしのぶ》と、雄藩側の有力者（とくに薩摩藩の島津久光《しまづひさみつ》）の意見が衝突し、失敗に終わる。

【構成メンバー】

- 将軍後見職 **一橋慶喜**
- 会津藩主 **松平《まつだいら》容保《かたもり》**
- 薩摩藩国父 **島津久光**
- 前福井藩主 **松平春嶽《しゅんがく》**
- 前土佐藩主 **山内《やまうち》容堂《ようどう》**
- 前宇和島藩主 **伊達《だて》宗城《むねなり》**

意見が対立して分裂する

倒幕論が復活する
保守派（幕府恭順）の意見が一時期主流となる。しかし、急進派の高杉晋作がクーデターを成功させ、反幕府（倒幕）に藩論をまとめる。

接近

雄藩連合を目指す
雄藩連合を組む以上、各藩の発言力は平等。徳川幕府も、リーダーではなく一大名の立場として参加すべきと主張。薩摩藩はこれを機に主導権を握ろうとしていた。

相違

佐幕思想を強める
雄藩連合の必要性は認めるが、幕府がその中枢にあるべきという考え。幕府の代表・一橋慶喜と、親・幕府側の会津《あいづ》、桑名《くわな》の両藩主で「一会桑《いっかいそう》政権」を構成。

窮地を薩摩藩に救われる

［年代］
1864年

［場所］
神戸
薩摩

海軍操練所《かいぐんそうれんじょ》が閉鎖され、塾生のうち、龍馬とほか五人の脱藩《だっぱん》浪士たちは路頭に迷ってしまう。

それまでのように、勝海舟《かつかいしゅう》を通じて幕府から届く給与もなくなり、食うや食わずの生活となった。ほとんどの塾生は藩から派遣されていたので、故郷に帰ることができる。しかし、脱藩者にはどこにも帰る場所がなかった。

窮した龍馬は、西郷隆盛《さいごうたかもり》との縁で薩摩《さつま》藩を頼った。同志数名とともに、京・大坂の薩摩藩邸に駆け込んだのである。

塾生たちはゆき場を失う

勝海舟の失脚で、海軍操練所は閉鎖された。そこで起居していた塾生たちは、再び脱藩浪士へ逆戻りとなった。

各地に一時潜伏していた塾生たち
○坂本龍馬→江戸
○沢村惣之丞《さわむらそうのじょう》→江戸
○千屋虎之助《ちやとらのすけ》→神戸
○新宮馬之助《しんぐううまのすけ》→神戸
○近藤長次郎《こんどうちょうじろう》→神戸
○高松太郎《たかまつたろう》→大坂

海軍操練所が解散
藩から許しを得て出張していた者は自分の藩に戻ればよいが、脱藩者はそうはいかない。

ゆく末を案じた勝のはからい
勝海舟は薩摩藩の実力者・西郷隆盛と誼《よしみ》を通じていた。そこで海舟は、自分が去ったあとで、あぶれてしまう塾生たちの世話をしてほしいと頼み込んでいた。

西郷隆盛

薩摩藩が受け入れる
西郷は海舟の願いを快諾。浪士たちを藩邸に匿った。

勝海舟

薩摩藩と龍馬の思惑が合致する

薩摩藩が龍馬たちを迎え入れたのは、たんに勝海舟への義理だけではない。さまざまなメリットが生じることも計算に入れてのことだった。

薩英《さつえい》戦争で大ダメージ
薩摩藩は、長州《ちょうしゅう》藩と同様にイギリス軍艦と砲撃戦を行っていた。このとき多くの船を失い、海防面の強化が急務になっていた。

薩摩藩の思惑
富国強兵を目指し、とくに海軍の充実に力を入れるため、海軍操練所にも薩摩藩士を派遣していた。龍馬たちの身につけた航海術は貴重な技術であり、一人でも多く欲しい人材だった。

‖ **合致**

龍馬の思惑
食うにも困るほどの脱藩浪士の集団では、表立って行動もできない。薩摩藩の力を借りて船を手に入れれば、学んだ航海術を生かせるうえ、薩摩から海外との交易のノウハウも学べる。

海舟の頼みを聞くことで双方の思惑が一致。龍馬たちは薩摩藩へ喜んで迎え入れられた

貿易や海防のために欠かせない航海術が、薩摩藩と龍馬をつないだ

薩長和解に奔走

無理だと思われていた"歴史的和解"へ動きだす

［年代］
1864年～1865年

［場所］
神戸　薩摩
下関

薩摩と長州の対立関係

江戸時代には多数の藩が存在したが、藩同士の関係はさまざま。とくに仲が悪かったのが、この両藩だった。

長州藩
たびたび薩摩藩と直接戦い、手ひどい打撃を受けていたため、一層仲は険悪に。草履《ぞうり》の裏に「薩賊《さつぞく》」と書いて踏みつける者まで出てくる始末であった。

八月十八日の政変

対立

禁門《きんもん》の変

薩摩藩
富国強兵し、中央政界で権力を握ることを目指していた。長州藩は最大のライバル。尊王攘夷《そんのうじょうい》派が多いことでも邪魔であり、厄介な存在だと考えていた。

幕府に対抗するためには両藩が手を結ぶ必要がある

龍馬が薩長和解の計画に賛同する

雄藩連合を目指すなかで、早くから「薩長同盟」を意識する者はいた。なかでも龍馬と同じ土佐出身の志士、土方と中岡は、具体的な薩長和解のためのプランをもっていた。話を聞いた龍馬はただちに賛同し、行動を起こす。

○土方久元《ひじかたひさもと》
土佐藩の郷士《ごうし》出身。尊王攘夷派公卿の三条実美《さんじょうさねとみ》と親しく交流した。

○中岡慎太郎《なかおかしんたろう》
薩長同盟の発起人。禁門《きんもん》の変などでも長州側で戦い、長州の復権のために同盟を模索する。

薩長和解の説得行脚に出かける

まずは薩摩藩、続いて尊王攘夷派の公卿、それから長州藩へ……。龍馬は次々と薩長の有力者に「根回し」を行っていった。

1865年5月

薩摩藩を説得

西郷と小松を突破口にする。二人は龍馬を連れて薩摩へ渡り、藩主や重臣を説得する。

西郷隆盛

横井小楠《よこいしょうなん》と会談

太宰府に向かう途中、肥後の学者・横井小楠を訪ねる。龍馬にとって師の一人で、薩長和解の計画を相談、報告した。

太宰府へ

1865年5月

尊王攘夷派公卿を説得

北九州の太宰府で、政変で都落ちしていた尊王攘夷派公卿たちに会う。薩長和解のお墨付きを得た。

下関へ

桂小五郎《かつらこごろう》

1865年閏5月

長州藩の桂を説得

九州からの玄関口・下関で土方久元と落ち合う。長州藩の代表である桂に、和解の必要性を説く。

その頃の長州藩では……

倒幕派のクーデターが成功。表向きは幕府に恭順しつつ、ひそかに対幕府戦に備えて軍事力を強化していた。

幕府に頼らず、雄藩《ゆうはん》同士で協力し合う新しい日本。この第一歩とされた「雄藩連合」は、なかなか実現しなかった。それは、西日本を代表する雄藩、薩摩《さつま》藩と長州《ちょうしゅう》藩の仲が悪いことも一因といえた。

もし、この強豪両藩が和解し、同盟を結べば、幕府に対抗できるだけの実力をもつ連合が誕生することになる。それが「薩長同盟《さっちょうどうめい》」の根幹だった。

だが、これまでの両藩の関係を考えれば不可能とされ、実現させようとする人物はいなかった。しかし、それに耳を傾ける人物は薩摩藩にもいた。西郷隆盛《さいごうたかもり》や小松帯刀《こまつたてわき》などの若き志士たちである。

龍馬は彼らと心を一つにし、同盟締結へ向けて歩もうと決意する。

貿易の力で、薩摩と長州の距離を縮める

［年代］
1865年

［場所］
下関
長崎

西郷が会談をすっぽかす

長州と薩摩の両巨頭、桂小五郎と西郷隆盛。長い根回しをへて、やっと直接会談が実現するかに思えたが……。

桂とともに待つ龍馬
龍馬は、下関での会談を実現させるため、桂を呼び寄せた。
龍　桂

西郷を連れる中岡
中岡が薩摩で西郷を説得。西郷は承諾し、下関へ向かう。
中　西

西郷が翻意する
下関目前で、西郷は京都から急報があったとして中止する。
西

中岡だけが下関へ

会談失敗
下関に来たのは中岡一人。待ちぼうけを食った桂は激怒する。
龍　桂　中

西郷は京都へ

桂と約束
桂は再会談の実現に条件をつける。龍馬は条件の達成を約束する。

桂からの条件
①薩摩藩からの和議申し入れ
②武器と軍艦購入の名義貸し

龍馬と中岡は、激怒する桂をひたすらなだめた

長州藩への武器横流しを主導する

仲の悪い両藩の距離を縮めるためには、仲介に入って両藩に便宜をはかる役の人間が必要になる。龍馬は、自らそれを買って出た。

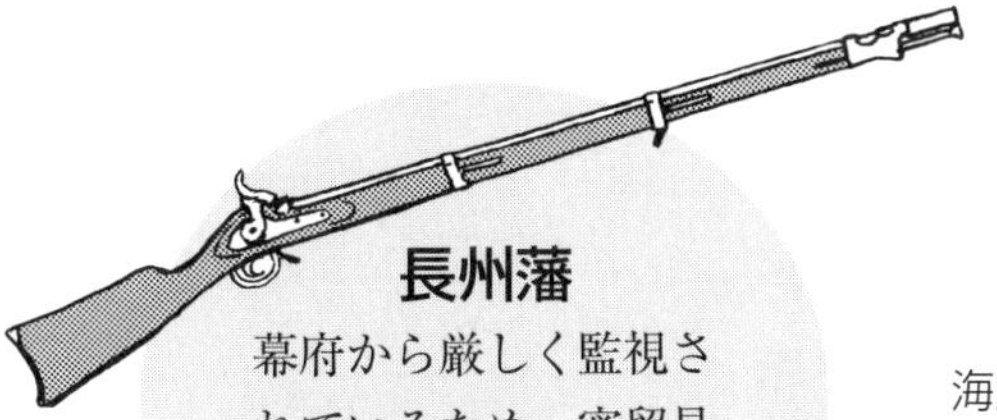

長州藩
幕府から厳しく監視されているため、密貿易もできず、外国から武器を買えなかった。

海路で武器を運搬する

亀山社中が仲介する
下関の龍馬から連絡を受け、同志の近藤と高松が購入交渉と運搬を担当。薩摩藩の名義でグラバーと交渉し、現物は長州藩に引き渡す。

亀山社中
長崎に事務所を構え、グラバー商会から直接武器や船を買い、長州に運ぶ。

大量の武器を購入する
○小銃7300挺（約9万2400両）
○軍艦（ユニオン号）1隻（約3万7500両）

グラバー商会
長崎にあるイギリス商人の貿易会社。薩摩藩と取引があり、小松帯刀《こまつたてわき》が紹介する。

日本初の海運会社
亀山社中が誕生
［目的］
○海運貿易業
○政治活動
薩摩藩がスポンサーとなり設立した組織。海軍塾時代からの同志が中心メンバー。

［初期メンバー］
坂本龍馬／近藤長次《こんどうちょうじ》郎《ろう》／千屋虎之助《ちやとらのすけ》／高《たか》松太郎《まつたろう》／新宮馬之助《しんぐううまのすけ》／沢村惣之丞《さわむらそうのじょう》

ようやく、西郷《さいごう》隆盛《たかもり》と桂小《かつらこ》五郎《ごろう》の「薩長《さっちょう》会談」をセッティングした龍馬だったが、西郷の「敵前逃亡」で実現せずに終わる。

龍馬は、激怒する桂に約束した。それは武器や軍艦を薩摩《さつま》藩の名義で購入し、長州《ちょうしゅう》藩へ横流しする密約。両藩に顔の利く龍馬だからこそ、実行に移せることだった。

この頃、龍馬は長崎に「亀山社《かめやましゃ》中《ちゅう》」という組織を結成しており、密約実行のために動き始める。

龍馬の功績 1

仲違いの危機を防いで「薩長同盟」を実現する

［年代］
1866年1月

［場所］
下関
京都

龍馬の登場で薩長同盟成る

ついに両代表が顔を合わせた薩長会談。しかし、両者の意地の張り合いにより、交渉は一向に進まなかった。

薩摩藩
困っているのは長州《ちょうしゅう》藩だから、向こうから同盟の話を切り出するのが筋というもの。わざわざ薩摩から同盟を申し込む必要はない。

西郷隆盛

藩の面子にこだわり、双方譲らない

第2回会談
前年、未遂に終わった薩長会談が実現。場所は、京都の小松帯刀《こまつたてわき》邸。

桂小五郎

長州藩
同盟は結びたいが、薩摩には何度も苦杯を嘗めさせられた。たとえ長州が滅びても、こちらから同盟を申し込んで、情けを乞う真似はできない。

亀山社中《かめやましゃちゅう》を通じて両藩のわだかまりが解けると、再び会談の約束が交わされ、一月一〇日に薩長《さっちょう》会談が始まった。時勢を論じ、ご馳走を前に酒宴にまでおよぶが、肝心の同盟の話には至らぬまま、早くも一〇日が過ぎ去った。

遅れて会談の場へ到着した龍馬は、この状況を知って愕然。「もう打ち切って帰国するつもりだ」という桂《かつら》を説得し、西郷《さいごう》には薩摩《さつま》のほうから手を差し伸べるように頼み込んだ。この熱意に両代表は折れ、ついに歴史的同盟が成った。

【同盟内容】

①長州と幕府が戦争したら、薩摩は2000の兵を上京させて、大坂にも1000人の兵を送る。
②戦争で長州が勝ちそうなら、薩摩は長州の冤罪をはらすよう朝廷に働きかける。
③長州が負けそうなら、持ちこたえている半年から1年の間に尽力する。
④幕府の兵が江戸に帰ったら、薩摩は長州の冤罪をはらすよう朝廷に働きかける。
⑤一橋《ひとつばし》、会津《あいづ》、桑名《くわな》などが、薩摩の周旋を妨害するならば、開戦に踏み切る。
⑥長州の冤罪がはれたら両藩は力を合わせて、日本のために尽力する。

1866年1月22日
薩長同盟が成立

龍馬の功績

[両藩の間を仲介する]

薩摩でも長州でもない、フリーの立場にある龍馬だから、双方の言い分を理解し、仲介できた。もし同盟が成らなければ、明治維新も実現しなかったか、大幅に遅れた可能性がある。

坂本龍馬

西郷と桂の双方から信頼されていた龍馬だからこそ、仲介することができた

寺田屋襲撃

恋人の助けで、九死に一生を得る

[年代]
1866年1月

[場所]
京都

龍馬、決死の逃走劇

歴史を動かすほどの龍馬の活躍は、京都を見回る幕府方に目をつけられることも多くなっていた。

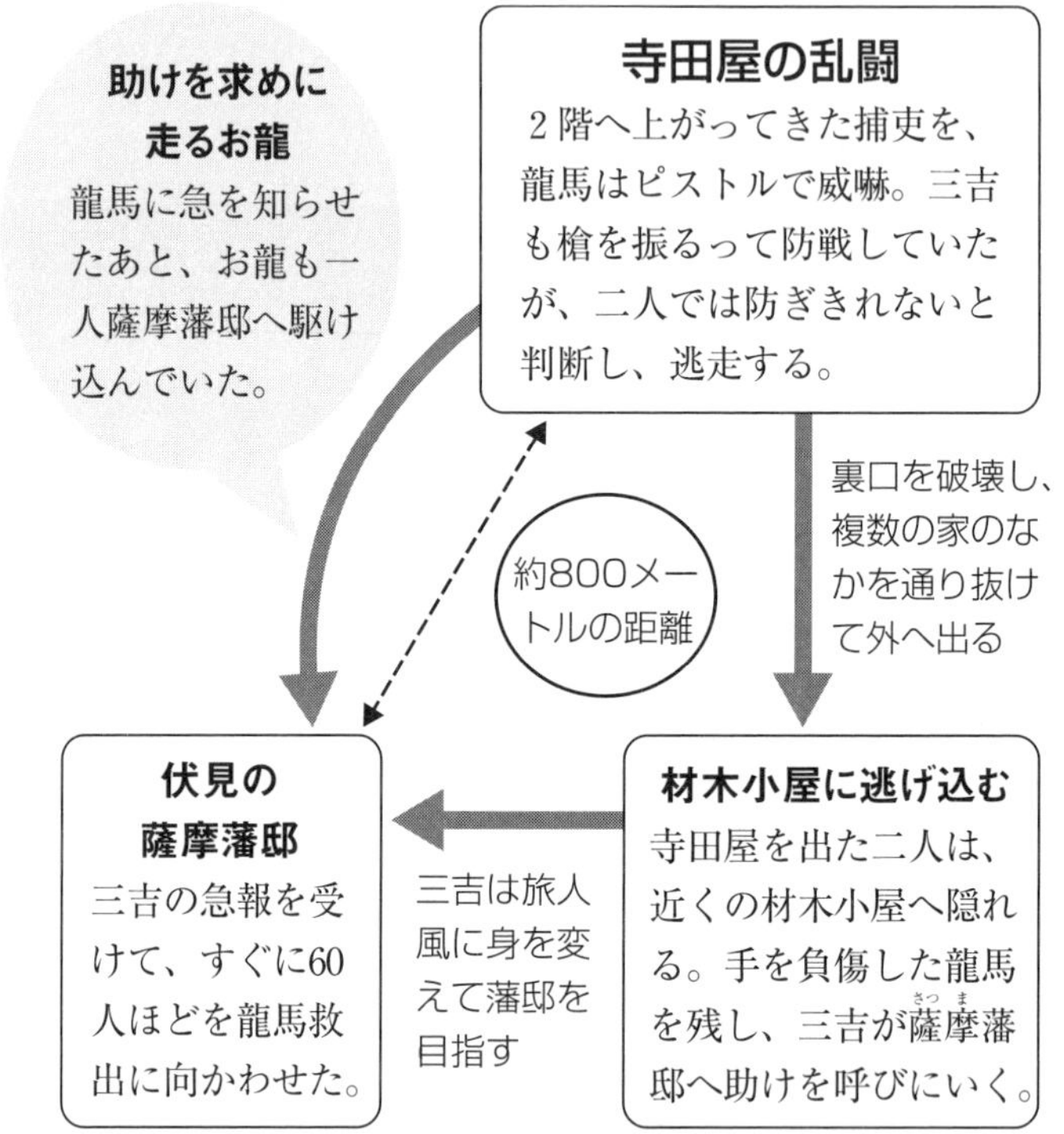

助けを求めに走るお龍
龍馬に急を知らせたあと、お龍も一人薩摩藩邸へ駆け込んでいた。
寺田屋の乱闘
2階へ上がってきた捕吏を、龍馬はピストルで威嚇。三吉も槍を振るって防戦していたが、二人では防ぎきれないと判断し、逃走する。
裏口を破壊し、複数の家のなかを通り抜けて外へ出る
約800メートルの距離
材木小屋に逃げ込む
寺田屋を出た二人は、近くの材木小屋へ隠れる。手を負傷した龍馬を残し、三吉が薩摩《さつま》藩邸へ助けを呼びにいく。
三吉は旅人風に身を変えて藩邸を目指す
伏見の薩摩藩邸
三吉の急報を受けて、すぐに60人ほどを龍馬救出に向かわせた。

薩長同盟《さっちょうどうめい》成立を見届けた龍馬は、京都の寺田屋《てらだや》で三吉慎蔵《みよししんぞう》と祝杯をあげていた。三吉は、下関から龍馬の護衛として同行していた長府《ちょうふ》（長州《ちょうしゅう》の支藩）藩士である。

その夜更け、幕府方の伏見奉行所捕吏《ほり》が寺田屋を取り囲んだ。寺田屋は志士たちの定宿で、以前から目をつけられていたのだった。

一階の風呂場で入浴中だったお龍《りょう》は、この異変に気付き、濡れた身体のまま二階の龍馬に急を知らせた。龍馬はお龍の機転に助けられ、辛くも死地を脱した。

辛くも脱出できた龍馬と三吉。捕吏は30名ほどいたが、狭い家屋には数人ずつしか入れなかったうえ、龍馬を殺さずに捕えようとしていたのが幸いした

龍馬の新婚旅行と長崎で起きた悲劇

龍馬は寺田屋で手を斬られ、深手を負った。薩摩藩邸へ匿われてしばらく静養したあと、お龍と正式に結婚した。その後、傷の療養も兼ねて鹿児島旅行へ出発。お龍との新婚旅行を満喫した。

その少し前、長崎の亀山社中《かめやましゃちゅう》では悲劇が起きていた。長州藩のために武器と船の購入を担当した同志の近藤長次郎《こんどうちょうじろう》が、その直後に無断でイギリス留学を企て、さらに長州から受け取った謝礼金も横領したことが発覚。近藤は責任をとり、切腹した。

これを知った龍馬は大いに嘆き、「わしがおれば、死なせはせんかった」と語ったという。

龍馬の魅力③

常識にとらわれない柔軟な発想力

ここが魅力

- 伝統や慣習といったものにこだわらない
- 視野が広く、大局で物事を見る
- よいものはよいと認めて、一つの考えに固執しない

龍馬に見る、発想の柔軟性

龍馬は、常識という枠を飛び越えて物事を考えていた

主義主張にこだわらない

龍馬は、尊王攘夷《そんのうじょうい》派でも佐幕《さばく》派でもない。また、ほかの志士のように思想の違う人間を排除しようとも考えない。常に「日本」のためという広い視野で行動していた。

生き延びて事を成す

寺田屋《てらだや》で襲撃された際、切腹しようとする三吉《みよし》慎蔵《しんぞう》を止めた。潔く死を選ぶという武士道の考えは尊重せず、生き延びる道を模索した。

新しいものを取り入れる

ピストルやブーツなど、当時、馴染みのなかったものでも身につけた。また、女性と睦まじく新婚旅行にいくなど、よいと思ったことは進んで実行した。

常識

柔軟な思考で、時代に対応する

土《と》佐《さ》勤《きん》王《のう》党《とう》の同志に出会った龍馬。相手の長い刀を見て、短い刀の有用性を説いた。

再び出会ったときには、「これからは刀の時代ではない」と、ピストルを見せた。

その次に出会ったときには、懐から本を出して見せ、学問の必要性を説いた。

長州征伐

船を使って薩摩藩と長州藩の援助に奔走

［年代］
1866年
4月～7月

［場所］
下関

タナボタで兵糧米をもらう

薩長同盟は成ったが、龍馬は薩摩と長州の友好関係を強固にするために、もう一手を打っていた。

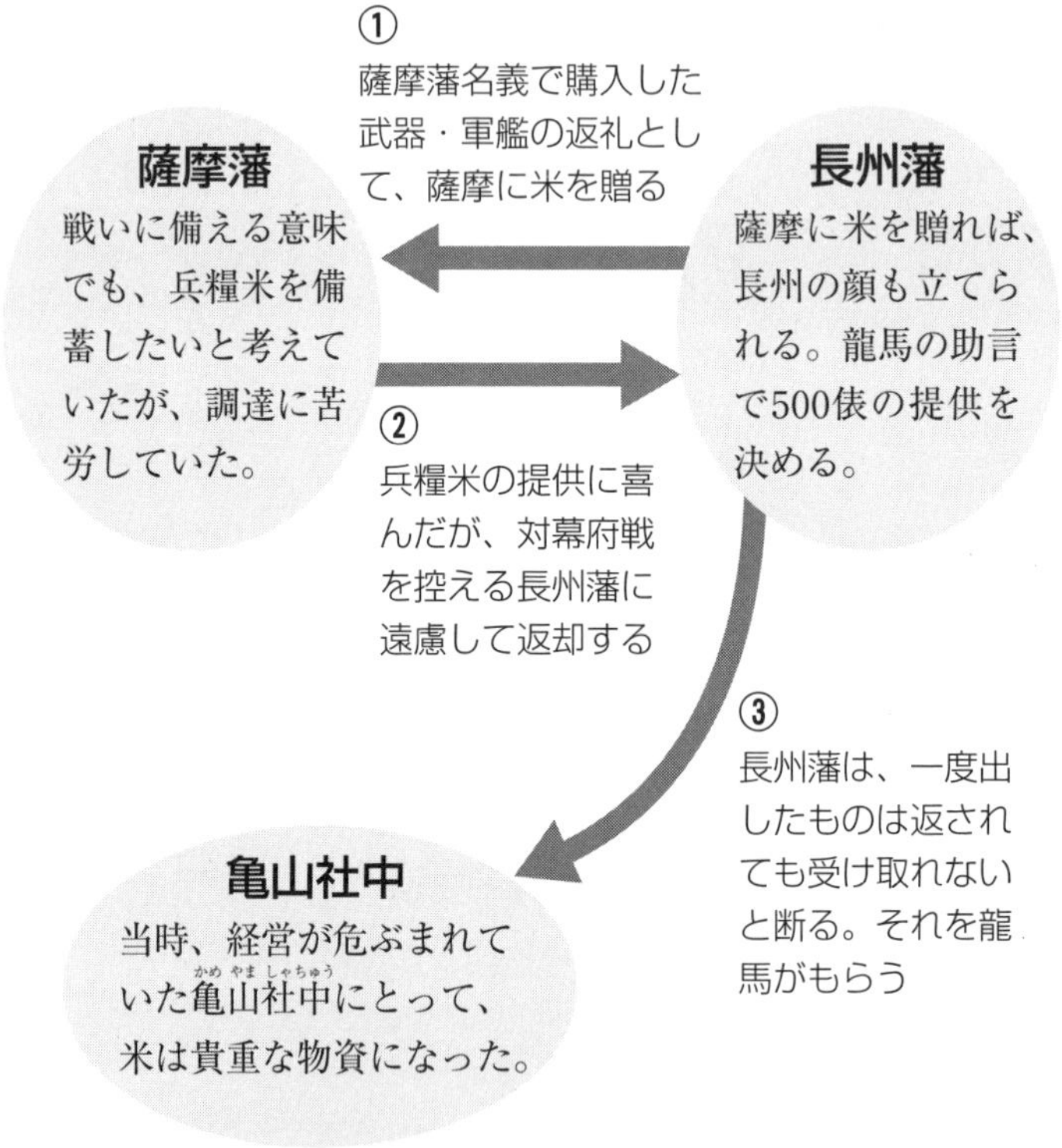
①
薩摩藩名義で購入した武器・軍艦の返礼として、薩摩に米を贈る
薩摩藩
戦いに備える意味でも、兵糧米を備蓄したいと考えていたが、調達に苦労していた。
長州藩
薩摩に米を贈れば、長州の顔も立てられる。龍馬の助言で500俵の提供を決める。
②
兵糧米の提供に喜んだが、対幕府戦を控える長州藩に遠慮して返却する
③
長州藩は、一度出したものは返されても受け取れないと断る。それを龍馬がもらう
亀山社中
当時、経営が危ぶまれていた亀山社中《かめやましゃちゅう》にとって、米は貴重な物資になった。

再び幕府への叛意を表し始めた長州《ちょうしゅう》に対し、威信回復を目指す幕府は二度目の長州征伐を決める。二年前の第一次長州征伐では、長州がほとんど抵抗せずに降伏したため、幕府は今度こそトドメを刺そうと考えていたのだった。

幕府軍約一〇万が長州に攻撃を開始する。しかし、幕府が最も頼りとしていた薩摩《さつま》藩は「薩長同盟《さっちょうどうめい》」に従い、出兵を拒否する。戦いは一進一退だったが、大坂で指揮をとっていた将軍・家茂《いえもち》が病死すると、幕府軍は撤退を決めた。

野次馬根性で戦争に参戦した!?

大軍を率いる幕府軍だったが、攻めきれずに、ついに撤退を決断。「幕府が長州一藩に敗れた」という事実は、全国に衝撃をもたらした。

亀山社中
長州に提供したユニオン号(乙《いっ》丑丸《ちゅうまる》)に社中のメンバーが乗って参戦。龍馬もこれに乗船していたといわれる。

薩摩藩
「これは幕府の個人的な戦い」として参戦を拒否。薩長同盟はまだ公にはされていない。

薩摩藩は出兵しない。幕府軍は大きな戦力ダウンとなる

支援

薩長同盟

参戦拒否

長州藩
兵力は4000と劣勢だが、一丸となり、最新鋭の西洋式軍備で防戦。高《たか》杉《すぎ》晋《しん》作《さく》ら優秀な指揮官が活躍。

開戦

幕府軍
総勢10万の兵力は、各藩の寄せ集めで、戦意にも乏しい。軍備も旧式の藩が多い。

高杉晋作

徳川家茂の死で幕が引かれる
長州一藩の前に、幕府軍は各地で苦戦に陥り、ついには敗北する。幕府の力が、今や虚構にすぎないことを、世に知らしめてしまった。

嵐に遭遇し、同志が命を落とす

長州から薩摩へ米を届ける途中で、不幸な事件が起きた。亀山社中が新たに買い入れた帆船ワイルウェフ号を、ユニオン号で曳航《えいこう》していたところを暴風に見舞われたのだ。ワイルウェフ号はあえなく沈没。黒《くろ》木《き》小《こ》太郎《たろう》や池《いけ》内蔵《くら》太《た》など、一二名の乗組員が溺死。仲間と船を失った龍馬は大ショックを受けた。

社中の受難

会社の経営に頭を悩ませていた

［年代］
1866年～1867年

［場所］
長崎

亀山社中《かめやましゃちゅう》は経営難に陥っていた。ワイルウェフ号が沈没し、乗る船がなくなり、雇っていた水夫たちを働かせる場所もないという状況だった。社中ごと、どこかの藩に身売りしようとまで考えていた。

そんな社中と龍馬に、救いの手を差し伸べたのが、土佐藩だった。先の第二次長州征伐で世に「倒《とう》幕《ばく》」の気運が高まり、土佐藩も方向転換を迫られていた。このとき土佐藩で実権を握っていた後藤象《ごとうしょう》二郎《じろう》は、龍馬の活躍を知り、接近してきたのである。

土佐藩は、龍馬を必要としていた

時代の主役となった薩長の陰に隠れがちだった土佐。その土佐が、薩長同盟《さっちょうどうめい》の立役者となった龍馬に目をつけた。

土佐藩の運営

山内容堂《やまうちようどう》は、土佐勤王党《とさきんのうとう》を一掃したあと、吉田東洋《よしだとうよう》の甥であり弟子でもあった後藤象二郎に、藩の舵取り役を任せていた。あくまで幕府寄りの姿勢をとっていた。

後藤象二郎

方針転換

倒幕派への接近

幕府が長州藩に敗北したことで、倒幕派（尊王攘《そんのうじょう》夷《い》派）とも交流をもつことが得策だと考える。

貿易を推進

薩長に対抗すべく、富国強兵を推進。大坂と長崎に貿易事業の出張所「土佐商会」を設立する。

龍馬に目をつける

航海術を学んだ社中のメンバーと薩長の倒幕派と親しい龍馬を抱き込めば、貿易の推進と倒幕派への接近が実現できると考えた。

亀山社中の経営が手詰まり状態に陥る

貿易を生業とする亀山社中にとって、乗る船を失ったことはその存続に関わる大打撃であった。

船を失って活動できなくなった亀山社中

船の購入をはかる

薩摩藩の保証を受けて帆船(大《たい》極《きょく》丸《まる》)を購入。蝦夷地の資源開発で利益を得ようとしたが、スポンサーを得られずに頓挫する。帆船の代金まで未払いになってしまう。

→ **失敗**

資金源づくりをはかる

薩長と合弁して「馬関商社」を設立。馬関海峡を通る船を仲介して、利益を上げようとした。しかし、長州が難色を示したために、立ち消えに。

→ **失敗**

計画はうまくいかず、龍馬もなすすべがなくなっていた

若き経営者の龍馬に、苦難の日々が続く

海援隊

私怨を捨て、日本のために土佐藩と和解

［年代］
1867年
1月～4月

［場所］
長崎

《土佐藩の後ろ盾を得て海援隊を結成》

経営難の亀山社中に、土佐藩が手を差し伸べる。龍馬はこれを幸いととらえ、私怨を捨てて土佐と手を結んだ。

坂本龍馬
［脱藩者］
親友の武市半平太《たけちはんぺいた》を処刑した張本人である後藤を憎む気持ちもある。社中のなかには後藤の命を狙う者もいた。

坂本龍馬

長崎の亀山社中の働きに興味をもつ

二人の因縁

長崎に来ていた後藤を警戒していた

後藤象二郎
［土佐藩参政］
土佐勤王党《とさきんのうとう》に対しては、叔父の吉田東洋《よしだとうよう》を殺された恨みを抱いていた。山内容堂《やまうちようどう》の下で勤王党の弾圧を主導した。

後藤象二郎

長崎にいた龍馬は、後藤象二郎《ごとうしょうじろう》から会見の申し出を受ける。後藤もこのとき、長崎の出張所（土佐商会）に来ていた。後藤は仇敵であり、同志のなかには、後藤と会うことに反対する者が多かった。

しかし、龍馬は小事を捨て、大事を成すことを選んだのである。

土佐藩の上士《じょうし》である後藤と、脱《だつ》藩《ばん》浪士の龍馬では、立場や身分も違った。が、話し合い、互いに人物を認め合った。

亀山社中《かめやましゃちゅう》は土佐藩の支援を受けて、「海援隊《かいえんたい》」へと転じる。

紅白の隊旗を掲げ、亀山社中の同志とともに、新たな一歩を踏み出した

海援隊とは

海運や貿易はもちろん、英語の入門書や、宗教・藩論について記した書籍などの出版事業を行う。また、政治学や航海術などの学問を学ぶ塾としても機能させた。

[海援隊約規]

①出身を問わず、脱藩者でも、海外に志があるものは入隊できる。土佐藩への応援が主な事業。
②隊内のことはすべて隊長（龍馬）の処分に一任する。決してそむいてはいけない。
③困難なときには互いに助け合う。独断で過激な行動や、徒党を組んで他人の妨げとなることを慎む。
④本人の志に合わせて、政治学や航海術、語学などを学ぶ。怠ってはいけない。
⑤隊の費用は自営で賄う。費用が不足した場合は、土佐商会から支給してもらう。

龍馬の思惑

土佐の援助があれば、社中を立て直せる。政治的影響力も強まる。

海援隊を結成する

亀山社中を発展的に解散させて結成する。土佐藩を「海から支援する」という意味をもつ。

後藤の思惑

龍馬たちの航海術と、薩長《さっちょう》とのパイプをぜひとも手に入れたい。

倒幕の動き

龍馬の知らないところで武力倒幕への動きが活発化する

［年代］
1867年
4月～5月

［場所］
長崎

海援隊《かいえんたい》は、発足と同時に新たな船を入手。伊予大洲《いよおおず》藩の船を一航海五〇〇両でレンタルさせてもらう契約を結んだ。しかし、その最初の航海で、紀州藩の船との衝突事故が発生。龍馬は、その賠償交渉に忙殺されることになる。

そんななか、政局は激しく動いていた。幕府では、病死した家茂《いえもち》に代わり、一橋慶喜《ひとつばしよしのぶ》が一五代将軍に就任。その後、ほどなく孝明《こうめい》天皇が世を去り、朝廷から最も大きな親・幕府派がいなくなったことで「倒幕派《とうばくは》」が台頭し始める。

国際法をもちだして賠償金を勝ち取る

海援隊の初航海で、いきなりのトラブル（いろは丸事件）。
龍馬はその交渉で、したたかさを発揮する。

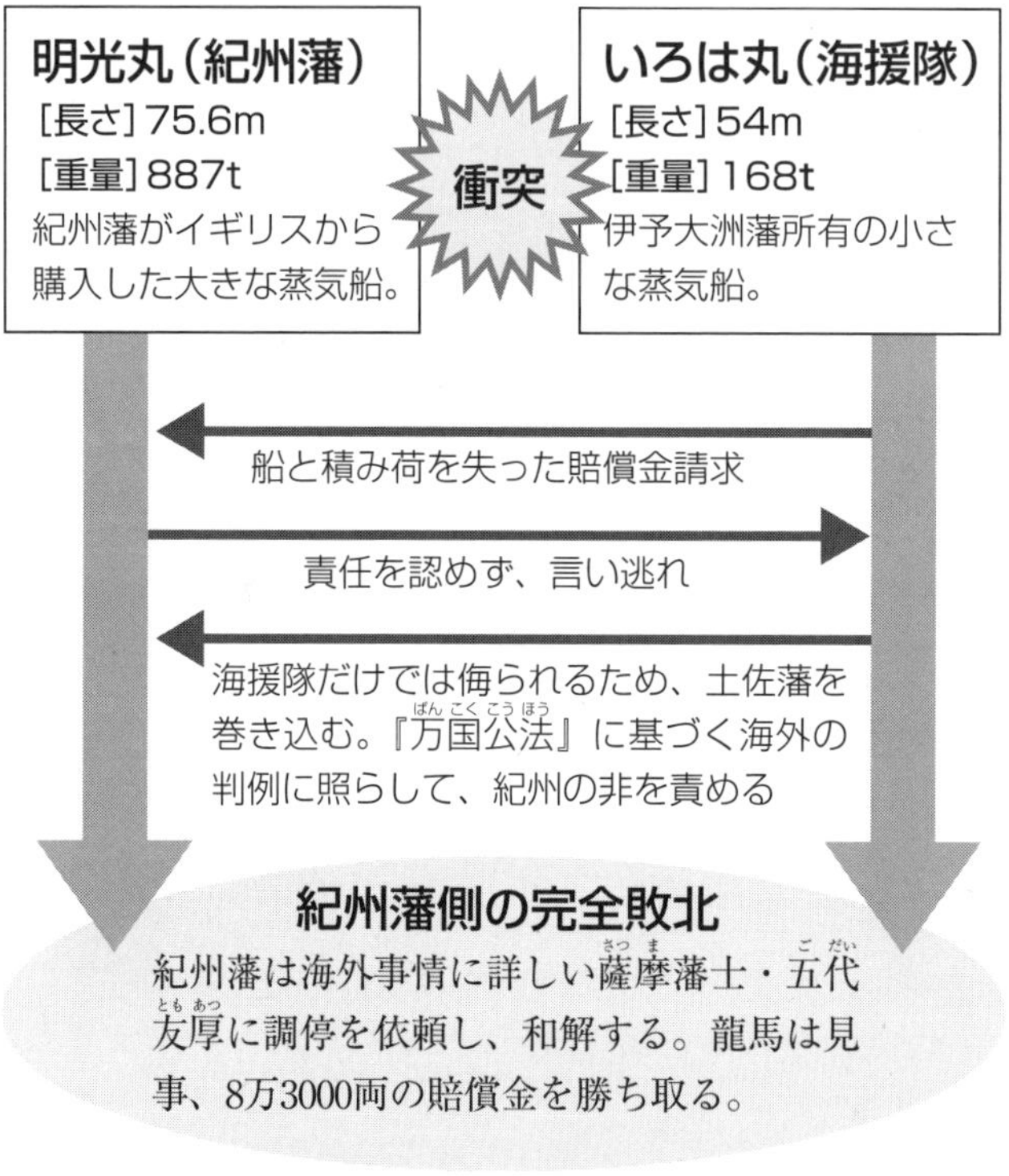

明光丸（紀州藩）
［長さ］75.6m
［重量］887t
紀州藩がイギリスから購入した大きな蒸気船。
衝突
いろは丸（海援隊）
［長さ］54m
［重量］168t
伊予大洲藩所有の小さな蒸気船。
船と積み荷を失った賠償金請求
責任を認めず、言い逃れ
海援隊だけでは侮られるため、土佐藩を巻き込む。『万国公法《ばんこくこうほう》』に基づく海外の判例に照らして、紀州の非を責める
紀州藩側の完全敗北
紀州藩は海外事情に詳しい薩摩《さつま》藩士・五代《ごだい》友厚《ともあつ》に調停を依頼し、和解する。龍馬は見事、8万3000両の賠償金を勝ち取る。

武力倒幕の密約が着々と進む

力を失っていく幕府。幕府から政治の主導権を奪いたい諸藩の大名……。政治的駆け引きが激化し、ついに倒幕の動きが本格化してくる。

四侯会議《しこうかいぎ》

[幕府重視]
松平春嶽《まつだいらしゅんがく》（福井藩）
山内容堂《やまうちようどう》（土佐藩）

VS

[幕府軽視]
伊達宗城《だてむねなり》（宇和島藩）
島津久光《しまづひさみつ》（薩摩藩）

雄藩《ゆうはん》連合で幕府から政治の主導権を奪いたい薩摩は、雄藩の代表者４人を集めて会議を開催。しかし、代表者の意見がそろわず、成果をあげられない。

失敗

土佐藩

前藩主
山内容堂
後藤象二郎《ごとうしょうじろう》

↕ **相違**

武力倒幕派
板垣《いたがき》（乾《いぬい》）退助《たいすけ》
中岡慎太郎《なかおかしんたろう》

土佐藩内は、武力倒幕派と幕府重視の勢力に分裂していた。

薩土密約《さつどみつやく》

薩摩藩

薩摩藩国父
島津久光

↑ **あやつる**

武力倒幕派
西郷隆盛《さいごうたかもり》
大久保利通《おおくぼとしみち》

島津久光を利用して、政権奪取を画策するが失敗する。武力倒幕の準備を本格化させる。

武力倒幕に向けた動きが加速

政略で幕府の力を削ぐのは難しいと考えるようになる。薩摩藩と土佐藩の武力倒幕派は秘密裏に同盟を結び（薩土密約）、武力倒幕が現実化し始める。

中岡慎太郎

西郷隆盛

理想の国家を目指した「天下の自由人」

時代背景

1867年〜1868年

全面戦争へのカウントダウン

幕府軍と長州《ちょうしゅう》軍の戦いは、一四代将軍・家茂《いえもち》の死により幕府軍が全面撤退し、長州が勝利した。もはや倒幕《とうばく》派にとって、幕府は少しも恐ろしい存在ではない。世の中は「倒幕」へ突き進もうとしていた。

とくに、武力でトドメをさそうとする「武力倒幕」の声が強くなる一方、戦争を起こさず平和的に幕府から政権を奪おうとする声も依然として根強く、世論は割れる。そんな流れのなか、公武合体《こうぶがったい》を発展させ、雄《ゆう》藩《はん》連合による公議政体《こうぎせいたい》（幕府も含めて公平に議論する）への道が模索され始めるが、一五代将軍に就任した徳川慶喜《とくがわよしのぶ》は強気だった。幕府の力が弱まっても「徳川家が政治の主導権を握ることに変わりはない」として、諸藩を抑えつけようとした。

強引に政策を行う徳川慶喜に反発する薩摩《さつま》や長州は、武力倒幕の準備を本格化。武力倒幕を進める薩長《さっちょう》に対し、土佐藩はどう動くのか。内乱を防ぐため、坂本龍馬が秘策をもって政局を打開しようとする。

イギリスとフランスが政局に介入

薩長と幕府の対立。それは、実はイギリスとフランスの間接的な対立でもあった。

薩摩藩は、薩英《さつえい》戦争のあとに和解し、イギリスとの貿易で武器や軍船の取引を盛んにする。

さらに薩長同盟で、長州藩もイギリスに近づいた。一方、イギリスと対立していたフランスは幕府に接近。幕府はフランス式の軍備で戦争に備えた。

倒幕派と幕府勢力が火花を散らす

薩長を中心とする倒幕派と、幕府勢力（佐幕《さばく》派）の抗争は、外国勢力も巻き込み、さらに混沌としていく。

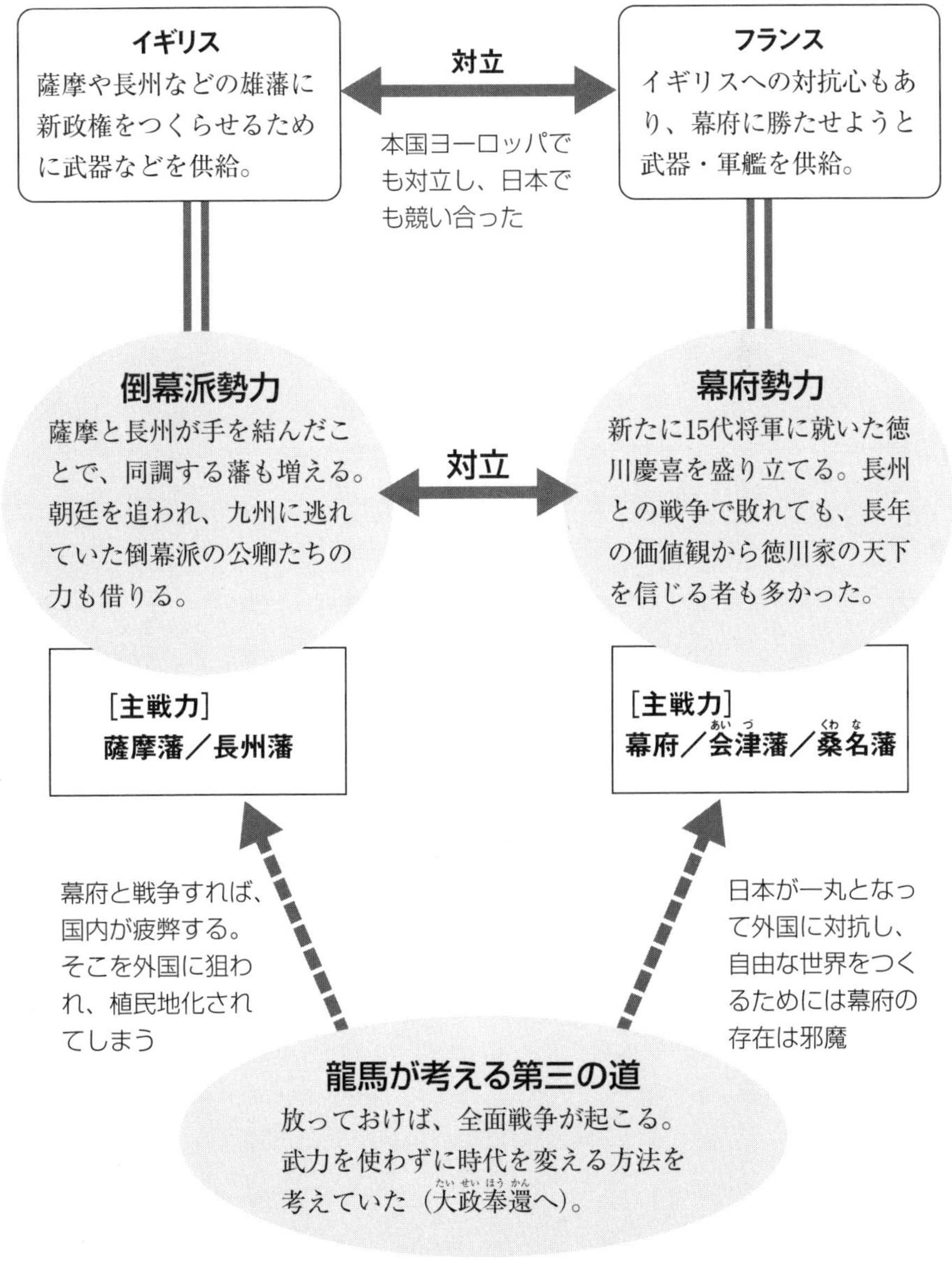

イギリス
薩摩や長州などの雄藩に新政権をつくらせるために武器などを供給。
対立
本国ヨーロッパでも対立し、日本でも競い合った
フランス
イギリスへの対抗心もあり、幕府に勝たせようと武器・軍艦を供給。
倒幕派勢力
薩摩と長州が手を結んだことで、同調する藩も増える。朝廷を追われ、九州に逃れていた倒幕派の公卿たちの力も借りる。
対立
幕府勢力
新たに15代将軍に就いた徳川慶喜を盛り立てる。長州との戦争で敗れても、長年の価値観から徳川家の天下を信じる者も多かった。
[主戦力]
薩摩藩／長州藩
[主戦力]
幕府／会津《あいづ》藩／桑名《くわな》藩
幕府と戦争すれば、国内が疲弊する。そこを外国に狙われ、植民地化されてしまう
日本が一丸となって外国に対抗し、自由な世界をつくるためには幕府の存在は邪魔
龍馬が考える第三の道
放っておけば、全面戦争が起こる。武力を使わずに時代を変える方法を考えていた（大政奉還《たいせいほうかん》へ）。

龍馬の功績2

武力に頼らない平和的な第三の道を示す

［年代］
1867年6月

［場所］
長崎
京都

内乱を避けるための妙案を具体化

幕府政権の存続か、はたまた薩長《さっちょう》が幕府にとって変わるのか。龍馬が目指したのは、そのどちらでもなかった。

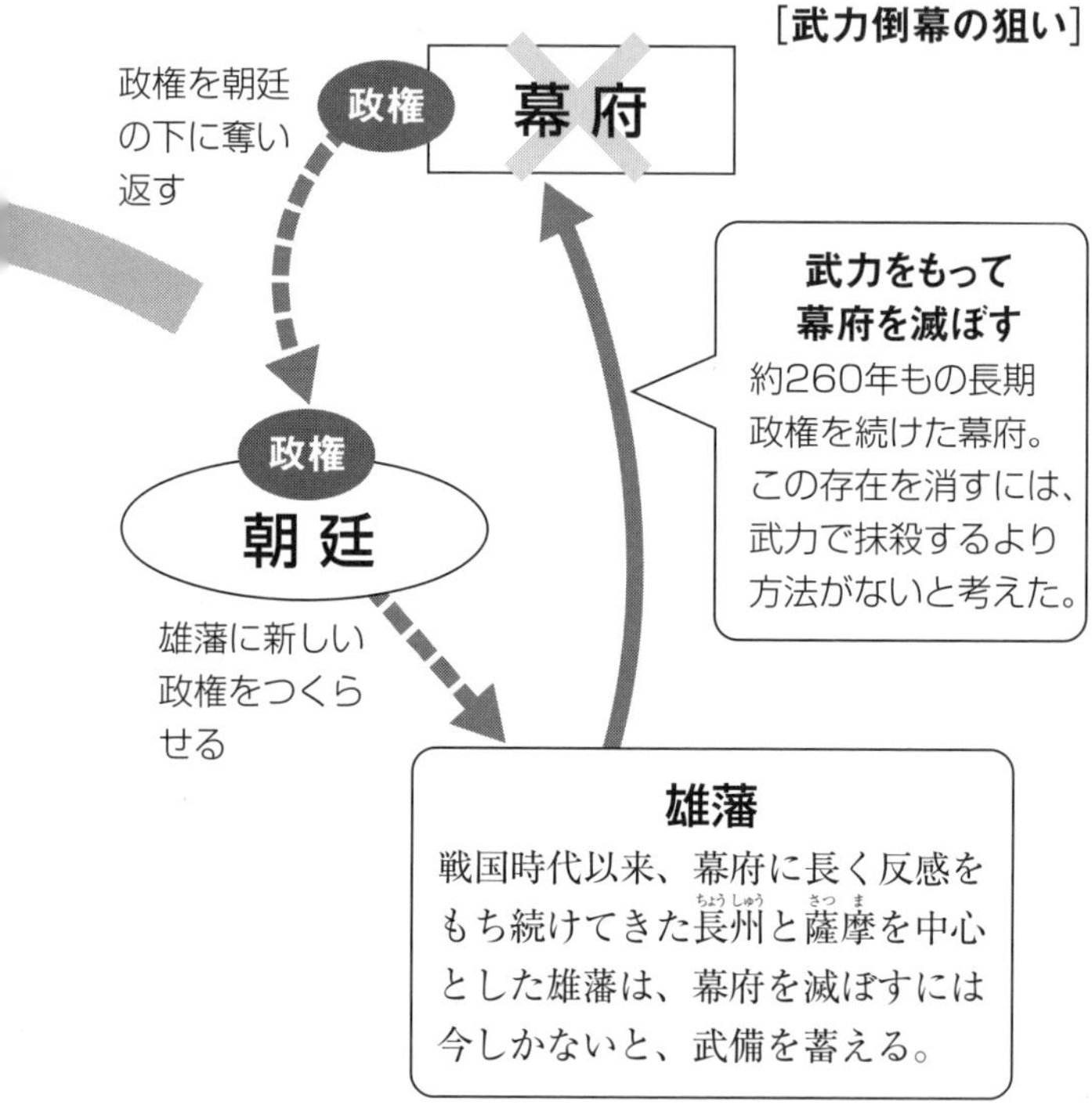

［武力倒幕の狙い］
幕府
政権
政権を朝廷の下に奪い返す
政権
朝廷
雄藩に新しい政権をつくらせる
武力をもって幕府を滅ぼす
約260年もの長期政権を続けた幕府。この存在を消すには、武力で抹殺するより方法がないと考えた。
雄藩
戦国時代以来、幕府に長く反感をもち続けてきた長州《ちょうしゅう》と薩摩《さつま》を中心とした雄藩は、幕府を滅ぼすには今しかないと、武備を蓄える。

勢いを増す武力倒幕《とうばく》派に対し、「待った」をかける勢力があった。それが土佐藩である。土佐藩のリーダー・山内容堂《やまうちようどう》は、根強い佐幕《さばく》思想の持ち主で、幕府の力の衰えや、雄藩《ゆうはん》連合の必要性を理解しながらも、武力で幕府を消すことを望まなかった。容堂以外にも、幕府支持の大名は依然多かった。

龍馬は、内乱を起こせば多大な犠牲が出て、外国にも付け入る隙を与えてしまうと考え、血を流さずに幕府を倒すという妙案を具体化することになる。

[龍馬の倒幕の狙い]

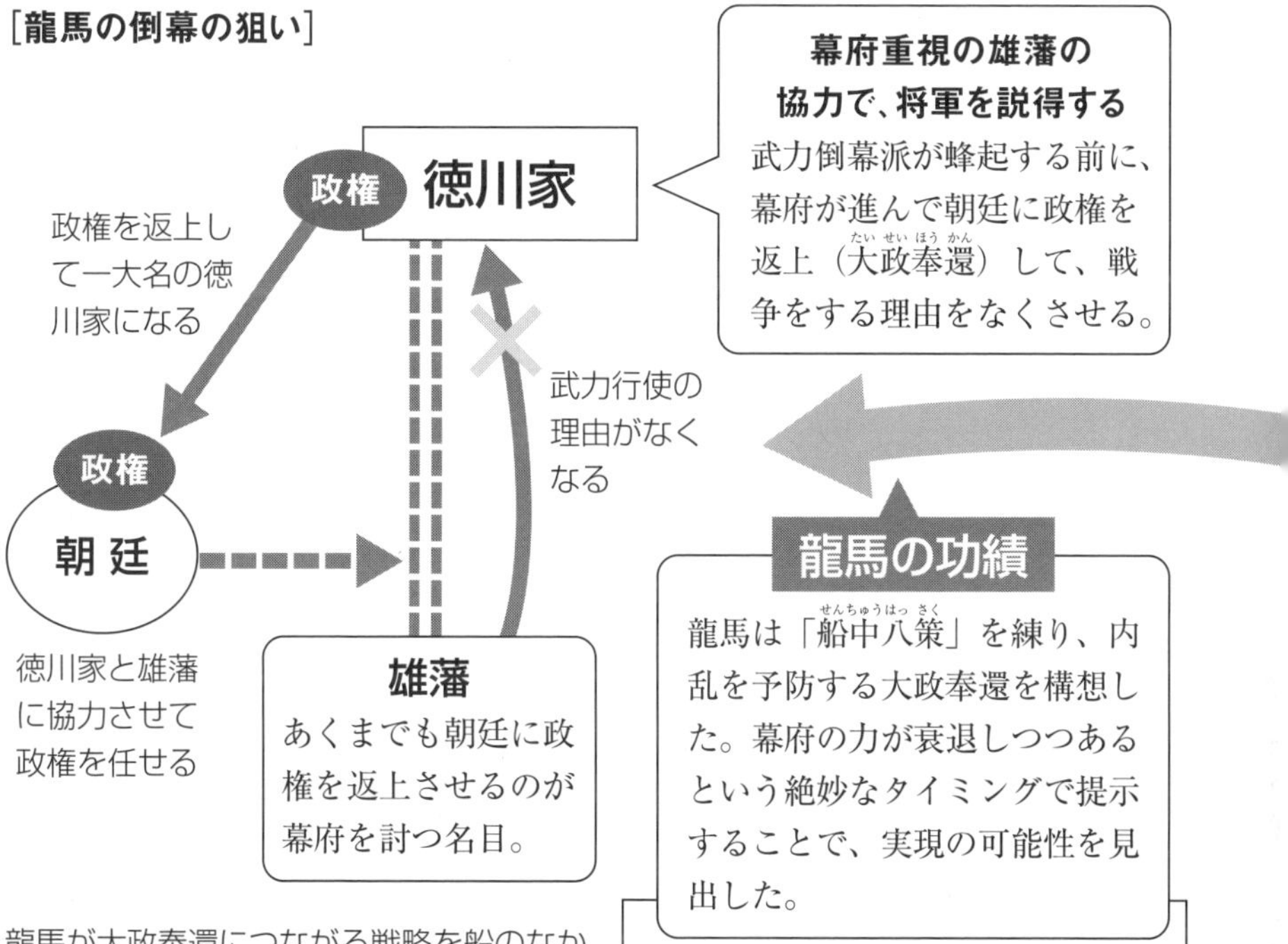
徳川家
政権
政権を返上して一大名の徳川家になる
政権
朝廷
徳川家と雄藩に協力させて政権を任せる
武力行使の理由がなくなる
雄藩
あくまでも朝廷に政権を返上させるのが幕府を討つ名目。
幕府重視の雄藩の協力で、将軍を説得する
武力倒幕派が蜂起する前に、幕府が進んで朝廷に政権を返上（大政奉還《たいせいほうかん》）して、戦争をする理由をなくさせる。
龍馬の功績
龍馬は「船中八策《せんちゅうはっさく》」を練り、内乱を予防する大政奉還を構想した。幕府の力が衰退しつつあるという絶妙なタイミングで提示することで、実現の可能性を見出した。

龍馬が大政奉還につながる戦略を船のなかでつくったため、『船中八策』と呼ぶ

【船中八策の内容】

①天下の政権を朝廷に奉還し（大政奉還）、政令は朝廷から出すこと。
②上下議政局を設け、議員を置いて、すべてのことを会議で決定する。
③有能な公卿、諸侯、および天下の人材を顧問にし、官位爵位を与え、従来の有名無実の官を除くこと。
④外国との交際は広く会議で決め、新たに適当な条約を結ぶこと。
⑤古来の律令を折衷し、新たに無限の法律を制定すること。
⑥海軍を拡張すること。
⑦御親兵を置き、帝都を守衛させること。
⑧金銀、物価は外国と平均の法律を制定すること。

計画失敗を想定した周到な根回し

［年代］
1867年
6月～9月

［場所］
京都
下関　土佐

平和裏の倒幕《とうばく》（大政奉還《たいせいほうかん》）を目指す龍馬は、挙兵を急ぐ薩長《さっちょう》や土佐の武力倒幕派志士をけん制することも忘れなかった。後藤象二郎《ごとうしょうじろう》と組んで、薩摩と土佐による「薩《さつ》土盟約《どめいやく》」を結び、薩摩藩が武力倒幕に打って出ないよう、大政奉還を主軸として行動することを約束させたのだ。

　龍馬は、大政奉還がうまくいかなければ、自分も倒幕の戦いに参加する覚悟を決めていた。そのためオランダ商人からライフル銃を購入して戦いに備えてもいた。

大政奉還のための下地づくり

龍馬は平和的な倒幕を実現するために、武力倒幕派の説得などに奔走した。

土佐藩の思惑
大政奉還を成功させるためにしばらく挙兵を思いとどまってほしい。

薩摩藩の思惑
おそらく大政奉還は実現しないだろう。結果が出てから討てばよい。

土佐藩
後藤象二郎のほか、浪士代表として龍馬と中《なか》岡《おか》慎《しん》太《た》郎《ろう》も参加。

同盟

薩摩藩
薩摩藩士の小松帯刀《こまつたてわき》、西郷隆盛《さいごうたかもり》、大久保利通《おおくぼとしみち》が参加した。

薩土盟約が成立
薩摩藩は、土佐藩の頼みで、大政奉還建白の結果を見てから行動を起こすことを約束する。土佐側も、建白が不採用になった場合は挙兵の意志があることを示した。藩同士の正式な約束だった。

裏で動き回っていた龍馬

二派に分かれる土佐藩の内部。龍馬はフリーの志士という立場を生かし、いずれに転んでも土佐が政界の表舞台に立てるよう尽力する。

大政奉還の説得に動く
京都で、大政奉還実現に備えた根回しをする。

土佐藩の軍備を強化する
海援隊《かいえんたい》で購入したライフル銃を土佐藩に運ぶ。

大政奉還を主軸に、失敗した場合も想定して行動する

後藤象二郎
［大政奉還派］

後藤が「大政奉還」の建白を山《やま》内容堂《うちようどう》に提案する。龍馬は山内容堂とは直接面会できる身分ではないため、直接のやりとりは後藤に任せた。

板垣《いたがき》（乾《いぬい》）退助《たいすけ》
［武力倒幕派］

板垣や中岡慎太郎は、徳川慶喜《とくがわよしのぶ》が大政奉還を採用するとは考えず、武力倒幕を望んだ。大政奉還失敗に備えて、龍馬はこちらにも手を回していた。

多忙な龍馬が過ごしたわずかな休息の時間

龍馬が大政奉還に奔走する頃、長崎でイギリス人水夫が殺害される事件が起きた（イカルス号事件）。海援隊士に容疑がかけられたが、龍馬や後藤の尽力で裁判でも無罪となり、のちに筑前藩士による犯行と確定する。龍馬はこうしたトラブルにも巻き込まれるなど、多忙を極めるようになる。

そんななか、土佐に銃を届ける途中、龍馬は下関に立ち寄り、妻・お龍《りょう》と再会。その後土佐に帰り、家族の権平《ごんぺい》や乙女《とめ》、地元の仲間とも旧交を温めた。多忙ななかに訪れたわずかな安息。

しかし、龍馬に残された時間はあまり多くはなかった。

龍馬の功績
3

一介の浪士の意見が将軍を動かす

龍馬の提案が次々と人の心を動かす

身分が低い龍馬は、将軍や藩主には名を知られていなかった。しかし、その意見は絶大な影響力をもった。

徳川慶喜

幕府にとって起死回生の妙案

徳川慶喜自身、幕藩体制の限界を感じ、武力倒幕を覚悟していた。大政奉還ならば、新政権でも今まで通り徳川家が主導権を握れると考えた。

山内容堂の名で大政奉還を建白する

後藤象二郎

後《ご》藤《とう》象《しょう》二《じ》郎《ろう》が土佐藩のリーダーである容堂を説得する

山内容堂

土佐藩の微妙な立ち位置

徳川家に忠義を尽くしてきた土佐藩としては幕府を討ちたくない。だが、倒幕の流れには逆らえない状況だった。

船《せん》中《ちゅう》八《はっ》策《さく》を披露し、大政奉還の案を与える

坂本龍馬

龍馬の功績

身分の低い者の意見では、将軍や藩主は耳を貸さないし、採用してくれない。慶喜や容堂に影響力をもつ人物に間接的に働きかけることで、大政奉還を実現させた。

［年代］
1867年10月

［場所］
京都

大政奉還実現の報を聞いた龍馬は、感動のあまり涙を流し、「慶喜公、今日のご心中は深くお察し申す。龍馬は誓ってこの人のために一命をささげよう」とつぶやいたという

約二六〇年続いた江戸時代が終焉を迎えようとしていた。幕府が、日本の統治権を天皇に返上（大政《たいせい》奉還《ほうかん》）すれば幕府は消滅し、新しい時代が到来する。山内容堂《やまうちようどう》は、一五代将軍・徳川慶喜《とくがわよしのぶ》に「大政奉還」を建白した。龍馬の発案が、さまざまな人を介して、ついに採用される形となったのである。

慶喜は、一〇月一三日、京都に上洛中の四〇藩の重臣を二条城に招集。大政奉還についての諮問会議が開かれた。土佐藩からは容堂と後藤が出席。慶喜の心は、すでに固まっており、翌日に政権返上が実行された。

一方、建白を知らなかった武力倒幕《とうばく》派は仰天する。幕府が消滅して挙兵の名分を失ったからだ。

倒幕の先を見据え、新政権構想を練っていた

［年代］
1867年11月

［場所］
京都

《誰よりも日本の将来のことを考えていた》

幕府を倒すという目的は一致していた両者であったが、その手段と、幕府消滅後の構想は大きく違っていた。

武力倒幕派の考え
幕府を討てば世の中がよくなると考えており、その後の構想を考えている者は少ない。

坂本龍馬の考え
幕府を倒すからこそ、その次の新たな日本の仕組みを、考えておく必要がある。

幕府を武力で討つということしか考えていなかった

倒幕を実現させる

龍馬にとって倒幕はあくまでも手段であり、目的はその先にある

新政権の構想

龍馬は、新しい国家像『新政府綱領八策』を記す。新政権での徳川家の役割、幅広い人材の登用、国際交流の推進、憲法の制定、海軍陸軍の組織、金銀レートの外国との平均化などを明示。『新《しん》官《かん》制《せい》擬《ぎ》定《てい》書《しょ》』で国政を担う人材も選出した。

【新政府の役職名簿】

・**関白**＝三条実美　・**内大臣**＝徳川慶喜
・**議奏**＝有栖川宮熾仁／仁和寺宮嘉彰／山科宮晃／島津忠義／毛利広封／松平春嶽／山内容堂／鍋島閑叟／徳川慶勝／伊達宗城／正親町三条実愛／中山忠能／中御門経之
・**参議**＝岩倉具視／東久世通禧／大原重徳／長岡良之助／西郷隆盛／小松帯刀／大久保利通／木戸孝允／広沢真臣／横井小楠／三岡八郎／後藤象二郎／福岡孝悌／（坂本龍馬）

※新政府に入閣する気がなかった龍馬の名は、龍馬の意向で削除された

常に命を狙われ続けていた

政治を陰で動かす坂本龍馬は、「知る人ぞ知る」存在になりつつあり、さまざまな勢力から命を狙われるようになっていた。

京都見廻組《きょうとみまわりぐみ》
新選組と同じく、反幕府勢力を取り締まるための300名ほどの警察組織。浪士集団の新選組に対し、幕臣のみで構成。主に御所や二条城などを守った。

新選組《しんせんぐみ》
幕府が、京都の治安を守るために組織した佐幕《さばく》派の浪士集団。「池《いけ》田屋《だや》事件」では、多くの尊王攘夷派浪士を捕縛。近藤勇《こんどういさみ》や土方歳三《ひじかたとしぞう》以下、隊士は100名ほど。

狙う　**狙う**

政治犯として命を狙われる
倒幕の手段はどうであれ、幕府を倒そうとして動き回っていた龍馬は、当然彼らに厳しくマークされていた。

坂本龍馬

龍馬は、同志たちから、より安全な土佐藩邸か薩摩藩邸に住むように忠告されていた

大政奉還《たいせいほうかん》後も、問題は山積していた。政権を返上された朝廷だったが、いきなり政治を行う力などはなく、将軍職を解かれたはずの徳川慶喜《とくがわよしのぶ》に、引き続き政治を任せるしかない状況であった。

武力倒幕《とうばく》派は、大政奉還が進む裏で、「やはり幕府を力で屈伏させる必要がある」として、挙兵の準備を進めていた。大政奉還の前日には、薩長《さっちょう》にあてた「討幕《とうばく》の密《みっ》勅《ちょく》（幕府を討ち滅ぼせという天皇の指令）」が、倒幕派公卿の岩倉《いわくら》具視《ともみ》らの画策で発せられていた。

一方で龍馬は、新しい日本の国家構想『新政府綱領八策』を記し、松平春嶽《まつだいらしゅんがく》や由利公正《ゆりきみまさ》などと面談。天皇中心の新政権を安定させるための方策を必死に講じていた。

龍馬の魅力④

権力をもったり手柄を得たりすることに興味がない

ここが魅力

- 権力欲がない
- 地位や名誉よりも自由でいることを求める
- 自分の手柄も他人に譲る

事は十中八九までやり、残りは他に譲る

大政奉還の手柄を他人に譲る

大政奉還《たいせいほうかん》の表舞台で活躍したのは山内容堂《やまうちようどう》と後藤象二《ごとうしょうじ》郎《ろう》のため、世間では彼らが立役者として扱われる。龍馬はそれに不満をもつことはなかったという。どこまでも無欲で分をわきまえ、裏方に徹した。

表舞台
提案するだけ
山内容堂
後藤象二郎
裏　方
構想から
根回しまで
坂本龍馬
表立った提案作
業は任せる

役人ではなく、世界の海援隊を目指す

大政奉還《たいせいほうかん》後、新政府の役職名簿を見た西《さい》郷《ごう》隆盛《たかもり》は、そのなかに龍馬の名前がないことを疑問に思い、その意図を尋ねた。

新政府の役職に
おはんの名前が
ありもさんが、いかがする
つもりでごわす?
役人は
きゅうくつだから
わしはいやだ。

役人は嫌だという龍馬に対して西郷が、「官職に就かずに何をするのか?」と質問すると、龍馬は堂々とその自由な夢を語った。

じゃーん
ほう!
わしは
世界の海援隊でも
やるかのう!

日本の夜明けを目前に凶刃に倒れる

［年代］
1868年
11月15日

［場所］
京都

近江屋に潜伏していた龍馬

龍馬は幕府にとって、最も危険な人物として命を狙われるまでになっており、安全な場所はほとんどなかった。

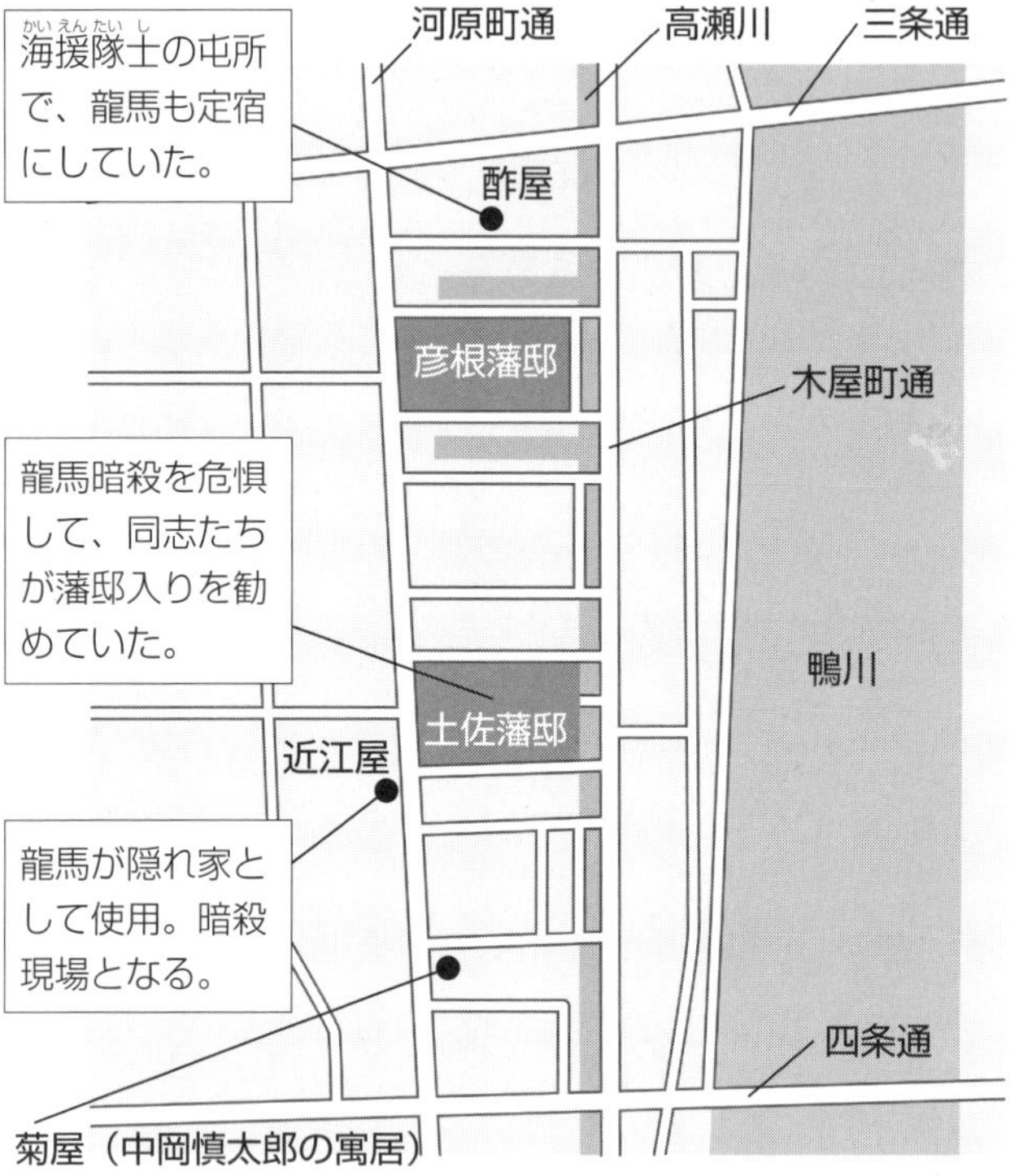
河原町通
高瀬川
三条通
海援隊士《かいえんたいし》の屯所で、龍馬も定宿にしていた。
酢屋
彦根藩邸
木屋町通
龍馬暗殺を危惧して、同志たちが藩邸入りを勧めていた。
鴨川
土佐藩邸
近江屋
龍馬が隠れ家として使用。暗殺現場となる。
四条通
菊屋（中岡慎太郎の寓居）

龍馬は、定宿の酢屋《すや》を離れて、醤油商・近江屋《おうみや》の二階に身を潜めていた。一一月一五日の夕刻、そこで中岡慎太郎《なかおかしんたろう》と、今後の政局を語り合っていた。

夜が更けた頃、十津川《とつがわ》郷士を名乗る数人の客が訪れる。彼らは応対に出た用心棒の山田藤吉《やまだとうきち》を斬り、音もなく階段を上がり、部屋に侵入。龍馬と慎太郎に襲いかかった。わずか数分の出来事であった。奇しくも、龍馬、三三歳の誕生日。

暗殺の実行犯は京都《きょうと》見廻組《みまわりぐみ》といわれるが、多くの謎を残している。

龍馬はなぜ討たれてしまったのか？

剣の達人であったはずの龍馬も、数人の刺客の不意打ちでは、ひとたまりもなかった。いくつかの不運と油断が重なってしまったといえる。

［事件現場　近江屋の2階］

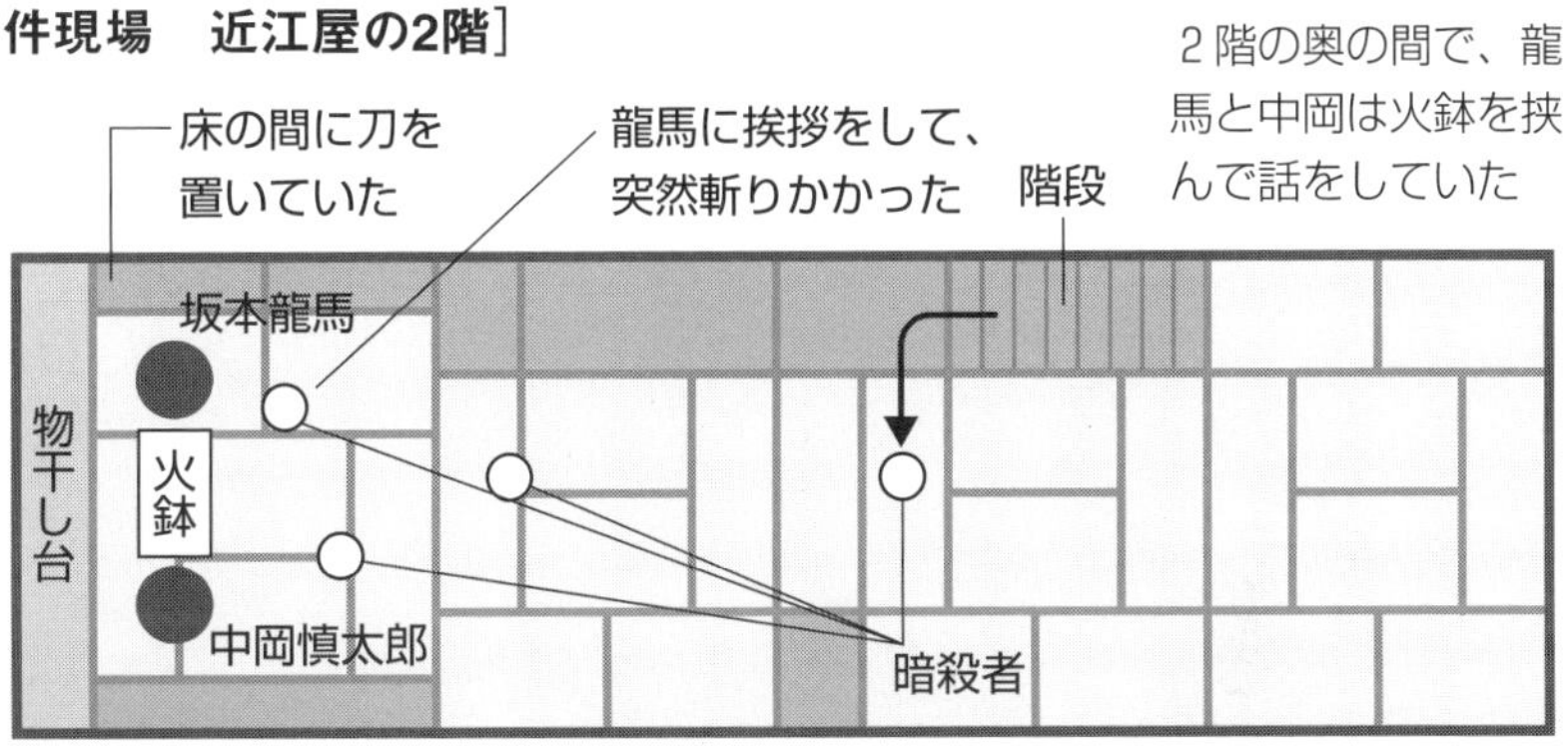
2階の奥の間で、龍馬と中岡は火鉢を挟んで話をしていた
床の間に刀を置いていた
龍馬に挨拶をして、突然斬りかかった
階段
坂本龍馬
物干し台
火鉢
中岡慎太郎
暗殺者

理由1
この日、龍馬は風邪をひいており、体調が万全ではなかった。

理由2
来客の対応や、厠に行くのが不便だからと、安全な土蔵を出ていた。

理由3
刀は床の間に置いたままで、取るのが遅れてしまった。

床の間の刀をとって鞘のまま刀を受ける龍馬。中岡は脇差しで応戦しようとした

龍馬の死後

龍馬亡きあと明治維新はどう変わったか

［年代］
1868年～

［場所］
京都

武力倒幕へと突き進んでいった

世の流れは武力倒幕一辺倒に傾き、ついに内戦が勃発。龍馬は、天上からどのように見ていたのだろうか。

大政奉還《たいせいほうかん》成る

龍馬の死をきっかけに、雪崩のように武力倒幕へと傾いていった

龍馬の死

内乱が勃発
武力で旧幕府勢力を駆逐するために、薩《さつ》摩《ま》藩は過激派浪士を使って、江戸で放火や略奪を行わせた。この挑発に乗せられた旧幕府勢力との戦争が始まる。

王政復古《おうせいふっこ》の大号令《だいごうれい》
大政奉還後も実権を握る旧幕府勢力を一掃する目的。徳川慶喜《とくがわよしのぶ》の内大臣辞任と領地没収を迫り、拒否すれば武力で討とうと考えた。

龍馬がいれば実現したであろう、別の道があった

平和的な革命
武力を用いず、血を流さずに新たな時代を興そうとしていた龍馬の構想は潰えてしまった。

龍馬の死後、時代はさらに加速する。根強く残る旧幕府勢力を駆逐するため、薩長《さっちょう》は武力倒幕《とうばく》を決行する（戊辰《ぼしん》戦争）。

新政府軍は旧幕府軍を圧倒し、ついに江戸城へ迫る。このとき旧幕府軍の代表・勝海舟《かつかいしゅう》が、新政府軍の西郷隆盛《さいごうたかもり》と会談し、無血開城して江戸総攻撃を中止させた。

だが、旧幕府軍はなお激しい抵抗を続け、戦いは東北から蝦夷へ移行。そして一八六九年五月、箱館で旧幕府軍が降伏し、多くの血を流して最後の戦いが終わった。

海援隊とお龍のその後

龍馬の死後、その夢を受け継いだ海援隊《かいえんたい》、そして妻のお龍《りょう》はその後どうなったのだろう。

分裂、解散した海援隊

龍馬が死ぬと、海援隊はまとまりがなくなり、上方と長崎で分裂してしまう。長岡謙吉《ながおかけんきち》が上方グループの海援隊隊長となって率いるが、1869年４月土佐藩の藩命によって解散。

のちに岩崎弥太郎《いわさきやたろう》が海援隊の精神を三菱《みつびし》商会として生かし、龍馬も目指したであろう世界規模の会社へと発展させる。

上方グループ

長岡謙吉が隊長となる。戊辰戦争では幕府直轄領の小豆島占領に功績を挙げる。長岡は新政府から三河県知事に任命された。

長崎グループ

菅野覚兵衛《すがのかくべえ》（千屋虎之助《ちやとらのすけ》）や関雄《せきゆう》之助《のすけ》（沢村惣之丞《さわむわそうのじょう》）が中心。土佐藩大目付の佐々木高行《ささきたかゆき》とともに、長崎奉行所を占領するなど活躍。

お龍は坂本家に身を寄せ、のちに去る

龍馬の死を聞いた三吉慎蔵《みよししんぞう》が、下関にいるお龍に龍馬の死を知らせると「日頃から覚悟していた」と気丈に話した。しかし、法事の際にハサミで自分の髪を切ると、ワッと泣き伏してしまったという。

その後は海援隊士の援助を受け、土佐の坂本家にも一時滞在。

のちに東京から横須賀へ出て、旧知の商人と再婚。若い頃の奔放な性格は晩年も同様だったという。

【お龍の世話をした人々】

勝海舟……具体的にどんな支援をしたのかはわからないが、お龍が晩年「腹の底から深切だった」人に勝海舟を挙げている。

西郷隆盛……窮しているときに西郷が、20円をくれたと語っている。西郷が西南戦争で死んだときも、お龍は泣き崩れたという。

乙女《とめ》……お龍が坂本家の世話になったとき、乙女とは不仲だったといわれる。しかし、お龍は、「乙女にはとてもよくしてもらった」とも語り遺《のこ》している。

坂本龍馬と才谷梅太郎は同一人物？

変名を使って追手の目をくらます

幕末において、暗殺事件は日常茶飯事だった。いつなんどき敵の襲撃を受けるかわからない。とくに尊王攘夷《そんのうじょうい》の志士たちは、新選組《しんせんぐみ》や京都見廻組《きょうとみまわりぐみ》などに狙われていた。そのため、目立つことは避け、地下活動に徹するのを主とした。

目立たないために、多くの志士は変名を利用した。現代のように通信網が発達していない時代、名の知れた志士でも顔を知られていない場合が多い。まったく違う名前を名乗っていれば、それを知る人間にしか同一人物だとはわからなかった。一人でいくつかの変名をもつことも多かった。

龍馬も使っていた変名

龍馬もいくつか変名を使っていたことで知られる。一番有名なのが「才谷梅太郎」で、坂本家の本家である才谷屋からとったのだろう。手紙のなかでも自らを「才谷」と名乗っていることから、仲間内では広く知られていたようである。

また、宿泊中の寺田屋《てらだや》を幕吏に襲撃された際に龍馬は、薩摩《さつま》藩士の「西郷伊三郎」を名乗っている。脱藩《だっぱん》者であった龍馬は、海軍操練所《かいぐんそうれんじょ》解散後に西郷を頼っていたときに、薩摩藩士と名乗ることが多かった。この頃には、服装を薩摩風にして、トレードマークの総髪も月代《さかやき》に剃っていたようだ。

【主な志士たちの変名・偽名】

坂本龍馬＝才谷梅太郎
西郷隆盛《さいごうたかもり》＝菊池源吾、大島三右衛門
桂小五郎《かつらこごろう》＝木戸準一郎、木戸寛治
高杉晋作《たかすぎしんさく》＝谷潜蔵、穴戸刑馬
中岡慎太郎《なかおかしんたろう》＝石川清之助
陸奥源二郎《むつげんじろう》＝伊達小二郎
池内蔵太《いけくらた》＝細川左馬之助
久坂玄瑞《くさかげんずい》＝松野三平
清河八郎《きよかわはちろう》＝大谷雄蔵
武市半平太《たけちはんぺいた》＝柳川左門

机上の空論ではなく、
常に実践と行動で、
時代の舵をとってきた龍馬。
その行動力の背景には、
数多くの人との出会いがあった。

第二章

発想力の源は師友との出会いに

【名前の表記について】

通称……周りから呼ばれる名称。

諱《いみな》……実名。元服の際に与えられる名称。一般的には呼ばれない。

号……文人や画家が実名以外に使う名称。

変名……本名を隠すために使う偽の名称。

人物相関図

龍馬をめぐる人物群像。敵味方が入り乱れる

主義主張や身分にとらわれることなく、多くの人々と交流をもった。その交友関係の広さが龍馬の器の大きさを伝える。

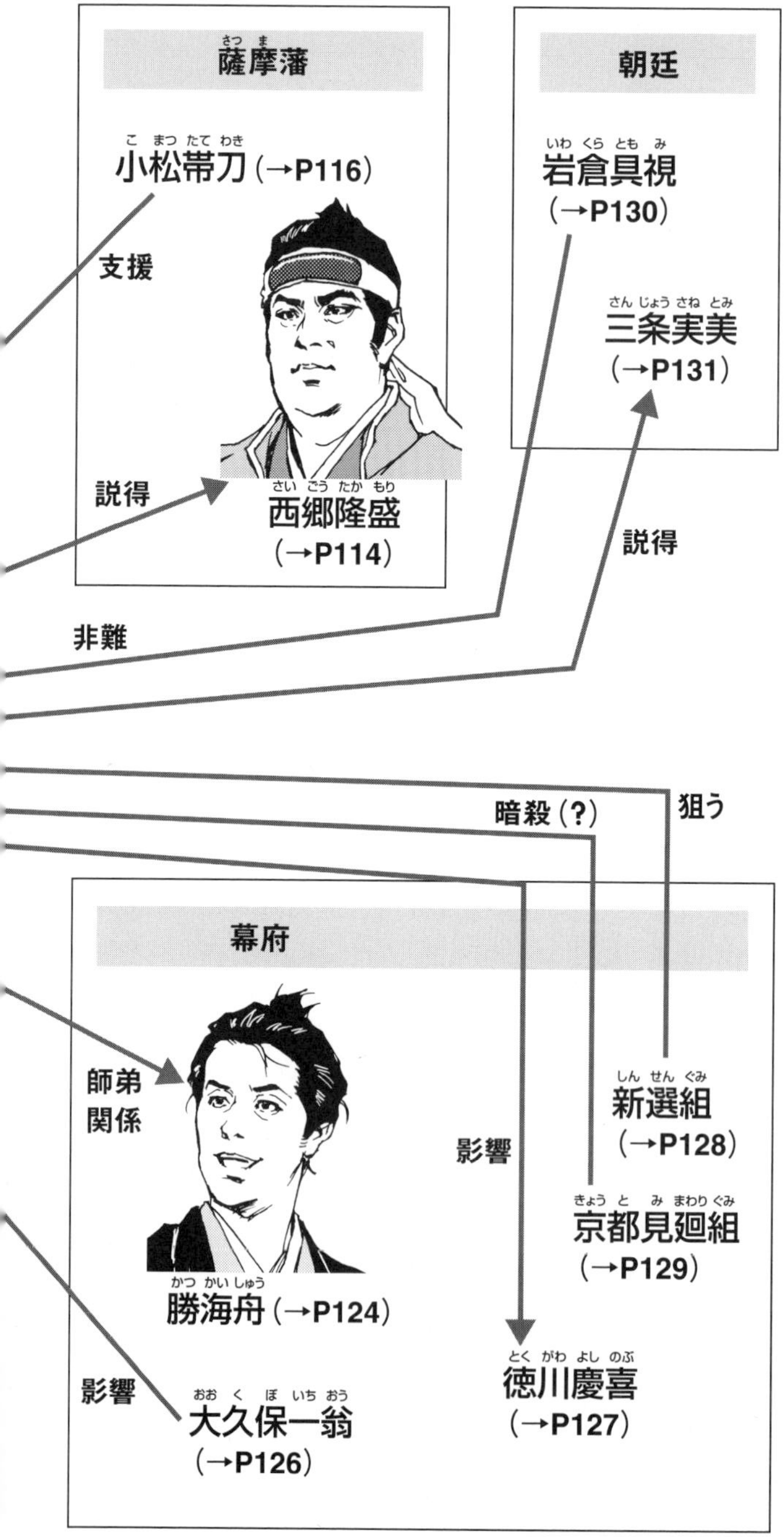

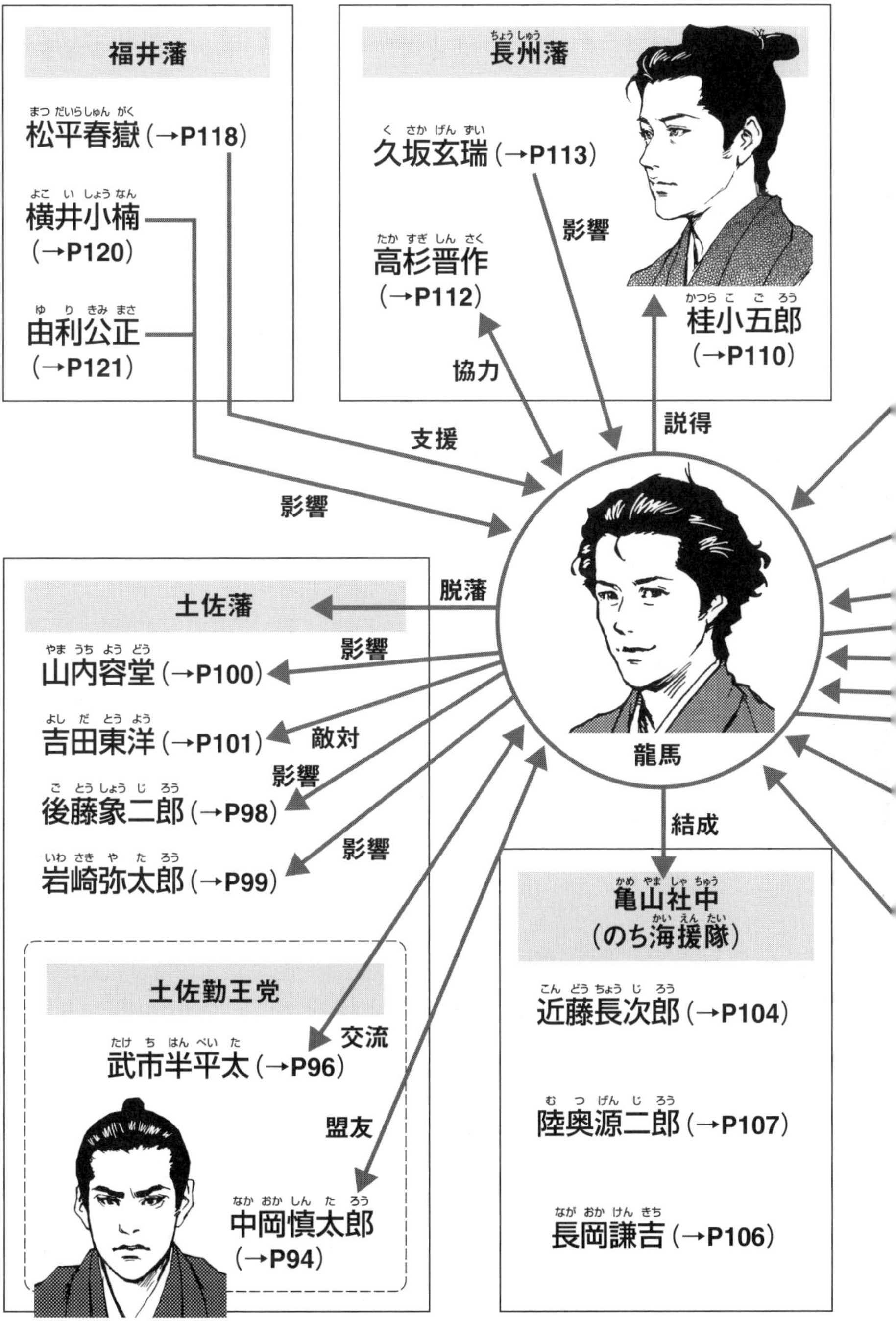
福井藩
松平春嶽《まつだいらしゅんがく》（→P118）
横井小楠《よこいしょうなん》（→P120）
由利公正《ゆりきみまさ》（→P121）
長州藩《ちょうしゅう》
久坂玄瑞《くさかげんずい》（→P113）
高杉晋作《たかすぎしんさく》（→P112）
桂小五郎《かつらこごろう》（→P110）
影響
協力
支援
影響
説得
龍馬
脱藩
土佐藩
影響
山内容堂《やまうちようどう》（→P100）
吉田東洋《よしだとうよう》（→P101）
敵対
影響
後藤象二郎《ごとうしょうじろう》（→P98）
影響
岩崎弥太郎《いわさきやたろう》（→P99）
土佐勤王党
交流
武市半平太《たけちはんぺいた》（→P96）
盟友
中岡慎太郎《なかおかしんたろう》（→P94）
結成
亀山社中《かめやましゃちゅう》
（のち海援隊《かいえんたい》）
近藤長次郎《こんどうちょうじろう》（→P104）
陸奥源二郎《むつげんじろう》（→P107）
長岡謙吉《ながおかけんきち》（→P106）

土佐藩

中岡慎太郎《なかおかしんたろう》

龍馬とともに薩長同盟の実現に力を尽くす

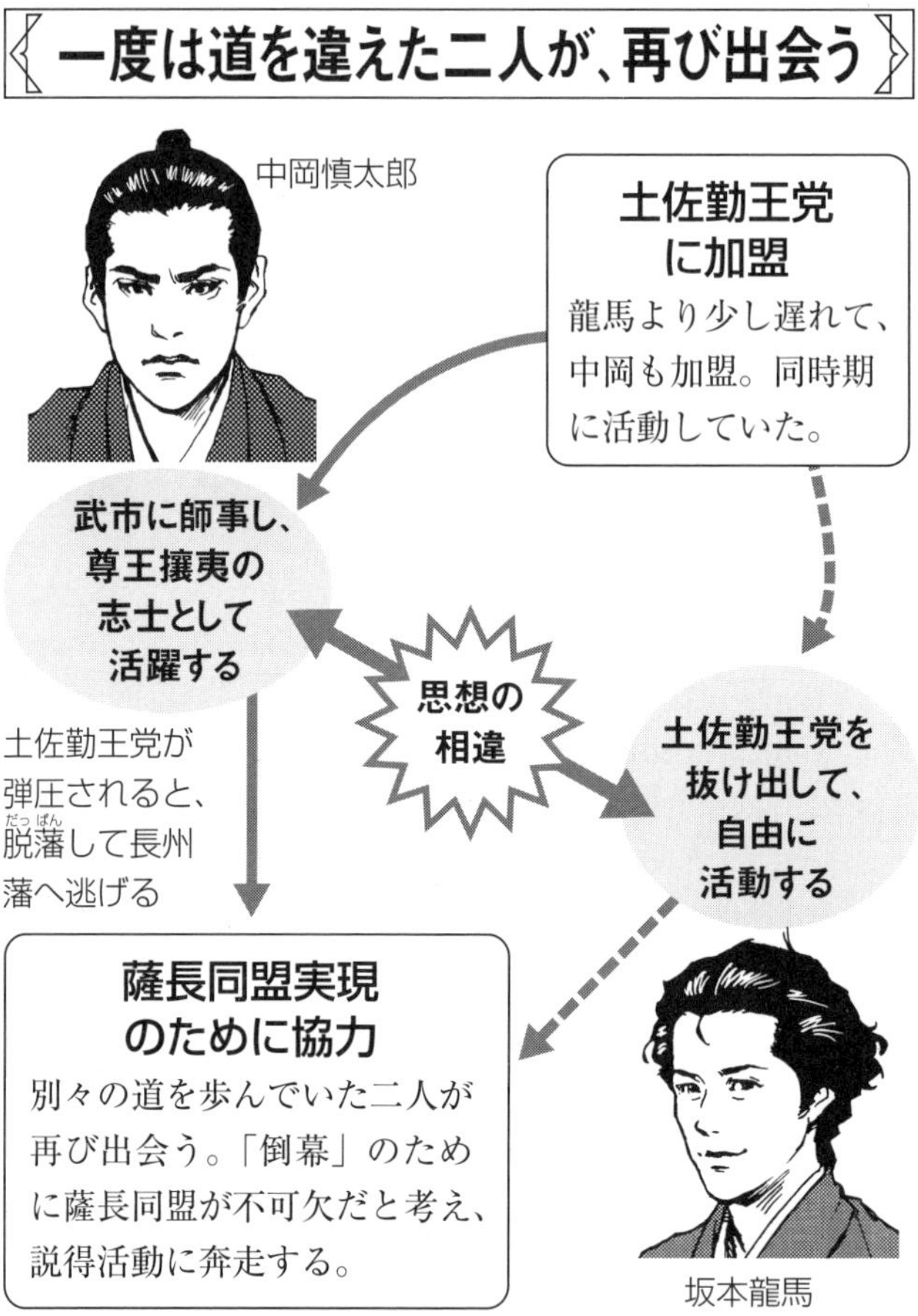
一度は道を違えた二人が、再び出会う
中岡慎太郎
土佐勤王党に加盟
龍馬より少し遅れて、中岡も加盟。同時期に活動していた。
武市に師事し、尊王攘夷の志士として活躍する
思想の相違
土佐勤王党を抜け出して、自由に活動する
土佐勤王党が弾圧されると、脱藩《だっぱん》して長州藩へ逃げる
薩長同盟実現のために協力
別々の道を歩んでいた二人が再び出会う。「倒幕」のために薩長同盟が不可欠だと考え、説得活動に奔走する。
坂本龍馬

京都近江屋《おうみや》で、龍馬とともに最期を迎えた人物。大庄屋の長男として生まれ、武市半平太《たけちはんぺいた》の道場に入門し、土佐勤王党《ときんのうとう》に加盟するなど、生い立ちも似ている。

勤王党弾圧後は、尊王攘夷《そんのうじょうい》派志士と親しく交わり、禁門《きんもん》の変などに長州《ちょうしゅう》勢の一員として出陣。のちに薩長同盟《さっちょうどうめい》実現に向けて奔走した。

晩年は、主君・山内容堂《やまうちようどう》に軍備充実の重要性を説き、龍馬の「海《かい》援隊《えんたい》」に並ぶ存在の「陸援隊《りくえんたい》」を組織。その隊長として、土佐藩の遊軍の指揮を任されていた。

薩土密約《さつどみつやく》時に、短刀を握りながら「約束を守れなければ切腹する」と、薩摩《さつま》藩の西郷隆盛《さいごうたかもり》に誠意を示した
【功績】
○薩長同盟実現に向けて周旋を行う
○龍馬の海援隊と同時に陸援隊を組織する

龍馬とのエピソード

龍馬が信頼を寄せたよきパートナー

中岡は武力倒幕《とうばく》派だったため、龍馬とはやや思想が異なっていたが、国を想う気持ちは同じだった。龍馬は「慎太郎は私と同様の人」と評価していた。

早い時期から武力倒幕派の代表的志士として顔が利き、生前は龍馬よりも有名だった。

パーソナルデータ

出身地：土佐藩（高知県）
生没年：1838〜1867
（龍馬の3歳下）
死　因：暗殺（享年30歳）
名　前：光次、慎太郎（通称）、道正（諱）、石川清之助（変名）
思　想：尊王攘夷→武力倒幕

土佐藩

武市半平太《たけちはんぺいた》

尊王攘夷実現のため、土佐勤王党を結成する

土佐の白札《しらふだ》の家柄に生まれる。文武に優れ、土佐を代表する俊英だった。剣術は江戸で鏡新明智流《きょうしんめいちりゅう》の免許皆伝を得たほどの実力。

尊王攘夷《そんのうじょうい》の風が吹き始めると、「一藩勤王《いっぱんきんのう》」を掲げて土佐勤王党《とさきんのうとう》を結成。二〇〇名もの同志を従えて活動し、一躍名を高めた。

しかし、暗殺にものをいわせた過激な尊王攘夷活動が裏目に出て、山内容堂《やまうちようどう》から疎まれ始める。公武《こうぶ》合体《がったい》の動きが盛んになると、土佐藩内で勤王党が弾圧され、切腹させられてしまった。

二つの顔をもっていた土佐藩のリーダー

表の顔：人望が厚く、妻思い

頭脳明晰で穏やかな人柄、カリスマ性がある。当時の志士には珍しく、生涯一人の妻だけを愛した。

一藩勤王

「土佐一国をもって尊王攘夷につとめる」という信念をもつ。

尊王攘夷運動の障害になる人間は、部下に暗殺させる。京都の町に血の雨を降らせた。

裏の顔：邪魔な人間は排除する

【功績】

○土佐勤王党を結成する
○尊王攘夷派勢力を拡大させる

武市に心酔する部下たちは、武市がひとたび「誰々が邪魔だ」といえば、指示を受けずとも暗殺を実行した

龍馬とのエピソード

「あご」「あざ」と呼び合う仲

龍馬とは、江戸遊学を機に本格的に交流が始まる。不思議とウマが合い、龍馬は武市を「あご」、武市は龍馬を「あざ」と、あだ名で呼び合う仲に。

のちに龍馬が脱藩したときは、「土佐に納まるような奴ではない」と黙って見送った。

パーソナルデータ

出身地：土佐国（高知県）
生没年：1829〜1865（龍馬の6歳上）
死　因：切腹（享年37歳）
名　前：半平太（通称）、小楯《こだて》（諱）、瑞山（号）、柳川左門（変名）
思　想：尊王攘夷

土佐藩

後藤象二郎《ごとうしょうじろう》

土佐勤王党に敵対意識を燃やしていた

〈失意の底から返り咲いた土佐藩のエリート〉

藩政の実権を握り、勤王党を弾圧する。

吉田東洋の下で藩政の実権を握る。

藩政に復帰した山内容堂に抜擢される

復活

失墜

土佐勤王党《とさきんのうとう》が吉田東洋を殺害する

吉田東洋の死とともに、後藤象二郎も失脚する。

後藤象二郎

大言壮語の癖はあるが、その交渉能力は、高く評価されている

パーソナルデータ

出身地：土佐国（高知県）
生没年：1838～1897（龍馬の3歳下）
死　因：病死（享年60歳）
名　前：象二郎（通称）、元曄（諱）
思　想：公武合体

龍馬と二人三脚で「大政奉還《たいせいほうかん》」に力を尽くした人物。土佐の上士《じょうし》として生まれる。叔父である吉田《よしだ》東洋《とうよう》に師事して「開国」に目覚め、藩政でも中心的な役割を果たす。

土佐を薩長《さっちょう》と並ぶ雄藩《ゆうはん》に育てるべく、貿易を重視し、大坂や長崎に土佐《とさ》商会を設置。そのときに龍馬と会い、彼の才能を評価。脱藩《だっぱん》罪を許すよう計らい、「亀山社中《かめやましゃちゅう》」を「海援隊《かいえんたい》」へと生まれ変わらせた恩人でもある。明治政府では薩長が権力を握るなか、土佐閥の重鎮として存在感を保った。

土佐藩

岩崎弥太郎《いわさきやたろう》

貧乏から、才覚だけで資産家にのし上がる

土佐の貧しい家に生まれるが、幼い頃から頭脳明晰で知られた。二一歳のときに江戸へ遊学し、帰郷後は吉田東洋に弟子入りして、後藤象二郎と親しく交わった。

やがて後藤に招かれ、土佐商会の主任をつとめ、藩の商務を担う。龍馬が海援隊を組織すると、経理面で支援した。

明治維新後に土佐商会が閉鎖されると、その権利を受け継いで三《みつ》菱《びし》商会を設立。海運業などで大成功し、巨万の財を成す。これがのちの三菱財閥となる。

海援隊の活動をバックアップした

土佐商会
主任：岩崎弥太郎
土佐藩の富国強兵を目的につくられた開成館の出先機関。長崎での貿易を統制し、土佐藩の財政を潤した。土佐の特産品（樟《しょう》脳《のう》や和紙、鰹節など）を輸出したり、軍艦や武器を購入したりした。

出資

土佐藩の機関の一つである海援隊の経理も岩崎弥太郎が担当

海援隊
隊の給料は自家営業で稼ぐのが基本だが、不足した場合は土佐商会に補ってもらう。

パーソナルデータ

出身地：土佐国（高知県）
生没年：1834～1885（龍馬の1歳上）
死　因：病死（享年52）
名　前：弥太郎（通称）、敏（諱）、東山（号）
思　想：開国

山内容堂《やまうちようどう》

土佐の名君。佐幕か倒幕かで揺れた

大政奉還は「渡りに船」だった

佐幕の考え OR **倒幕の考え**

徳川家には古くからの恩がある。なんとかして守りたい。

倒幕《とうばく》の勢いが強い。薩摩《さつま》や長州《ちょうしゅう》におくれをとってしまう。

二つの悩みをうまく折衷

大政奉還《たいせいほうかん》

幕府が平和的に政権返上をしてくれれば、武力を用いて幕府を倒す必要がなくなる。倒幕の目的も達成できるうえに、徳川家も助かる。

山内容堂

パーソナルデータ

出身地：土佐国（高知県）
生没年：1827～1872（龍馬の8歳上）
死　因：病死（享年46歳）
名　前：輝衛、兵庫助（通称）、豊信《とよしげ》（諱）、容堂（号）
思　想：公武合体

酒と詩を愛し、自ら「鯨海酔侯《げいかいすいこう》」と称した。土佐藩一五代藩主。松《まつ》平春嶽《だいらしゅんがく》、伊達宗城《だてむねなり》、島津斉彬《しまづなりあきら》とともに「幕末の四賢侯」と称された。

分家の出であったが、前藩主が就任後二週間で病死したため、二二歳にして当主の座に就く。藩内を多数の保守派がしめるなか、革新派のリーダー吉田東洋を重用するなど、藩政改革に取り組んだ。

安政《あんせい》の大獄《たいごく》で謹慎処分となり、隠居の身となって前藩主の弟・豊《とよ》範《のり》に藩主の座を譲る。が、その後も事実上の藩主として活動した。

土佐藩

吉田東洋《よしだとうよう》

山内容堂の信頼を得て、藩政改革を推進する

土佐藩の参政として辣腕をふるった切れ者。武市半平太《たけちはんぺいた》と対立し、彼の手先に暗殺される。

上士《じょうし》の家に生まれたが、上士のなかでは下層で、立場的には恵まれなかった。しかし、ペリー来航時に申し述べた富国強兵論が、容堂に気に入られて抜擢される。

早くから積極的な開国論を唱えるなど、先見性に優れていた。

しかし、幼い頃に口論がきっかけで家僕を斬り殺したことがあるなど、激しい気性の持ち主のため、武市をはじめ敵が多かった。

優秀な人材を育て上げる

吉田東洋

藩政を離れている間、土佐の長浜村で少林塾を開く。青年藩士を集めて指導した。

パーソナルデータ

出身地：土佐国（高知県）
生没年：1816〜1862
（龍馬の19歳上）
死　因：暗殺（享年47歳）
名　前：元吉（通称）、正秋（諱）、東洋（号）
思　想：公武合体

後藤象二郎《ごとうしょうじろう》（上士の子）
（→P98）

岩崎弥太郎《いわさきやたろう》（地下浪人の子）
（→P99）

福岡孝弟《ふくおかたかちか》（上士の子）
（1835〜1919）
東洋を生涯の師と仰ぎ、藩政改革に参加。後藤とともに大政奉還に協力した。

板垣退助《いたがきたいすけ》（上士の子）
（1837〜1919）
土佐藩の武力倒幕派の中心的存在。戊辰《ぼしん》戦争でも参謀として活躍した。

谷干城《たにたてき》（医師の子）
（1837〜1911）
土佐勤王党に理解を示し、武市半平太とも交流をもつ。武力倒幕を推進する。

土佐藩

中浜万次郎《なかはままんじろう》

土佐の貧しい漁師の子として生まれ、幼い頃から漁で生計を立てていた。しかし、一五歳のときに遭難したことで、運命が一変。六日間も漂流し、太平洋の無人島で一四〇日ほど暮らしていたところを、アメリカの捕鯨船に救助された。万次郎は船長に気に入られて渡米。通称の「ジョン・万次郎」は救助された船（ジョン・ハウランド号）にちなむ。

一〇年後に日本へ戻る。外国の生の情報を知る人物として珍重され、幕府の旗本になる。

彼の知識や体験は、龍馬を含め、多くの人に影響を与えた。

パーソナルデータ

出身地：土佐国（高知県）
生没年：1827〜1898
（龍馬の8歳上）
死　因：病死（享年72歳）
名　前：ジョン・万次郎、ジョン・マン（通称）
思　想：開国

土佐藩

平井収二郎《ひらいしゅうじろう》

龍馬と同じ、土佐藩の下士《かし》出身。龍馬の初恋の相手とされる平井加尾《ひらいかお》の兄でもある。龍馬が脱藩《だっぱん》した際、妹の加尾に迷惑がかかることを恐れ「龍馬のいうことは聞くな」と伝えていた。

自身は土佐勤王党《とさきんのうとう》に参加し、積極的な働きを見せた。しかし、勤王党への弾圧が始まると、京都から土佐へ呼び戻され、自宅で軟禁生活を送る。その後投獄され、弘瀬健太《ひろせけんた》、間崎哲馬《まさきてつま》らとともに切腹させられた。勤王党第一の処刑者となった。

龍馬は、「むごいむごい……妹の加尾の嘆きはいかばかりか」と悲しんでいる。

パーソナルデータ

出身地：土佐国（高知県）
生没年：1835〜1863
（龍馬と同い年）
死　因：切腹（29歳）
名　前：収二郎（通称）、義比（諱）、隈山（号）
思　想：尊王攘夷

土佐藩

河田小龍《かわだしょうりょう》

土佐の画家ながら海外事情に詳しく、脱藩前の龍馬に海外の知識を注入し、影響を与えた。

船役人の家に生まれ、祖父の養子となり、河田姓を名乗る。幼い頃から画才があり、島本蘭渓《しまもとらんけい》に弟子入りして修行し、雅号の「小龍」を名乗る。吉田東洋《よしだとうよう》などから学問を学び、のちに京都や長崎でも絵の修行を積む。

小龍は、吉田東洋から、帰国したての中浜万次郎の取り調べを頼まれる。万次郎と寝食をともにし、さまざまな情報を聞き出した。その海外知識をまとめた一冊の本『漂巽紀略《ひょうそんきりゃく》』は、多くの人々に影響を与えた。

パーソナルデータ

出身地：土佐国（高知県）
生没年：1824～1898（龍馬の11歳上）
死　因：病死（享年75歳）
名　前：篤太郎（通称）、維鶴（諱）、小龍（号）
思　想：開国

土佐藩

岡田以蔵《おかだいぞう》

幕末の代表的な「人斬り」として知られる。土佐藩士としては随一、幕末でも代表的な過激派志士の一人。

土佐の郷士《ごうし》の家に生まれ、我流で剣術を学んだあと、武市半平太《たけちはんぺいた》に師事。江戸では鏡新明智流《きょうしんめいちりゅう》剣術を習う。のちに半平太に従って土佐勤王党に参加。その尖兵として京都に潜伏し、勤王党の考えに反する佐幕《さばく》派の人物たちを「天誅《てんちゅう》」と称して次々に暗殺。一時は龍馬の頼みで、勝海舟《かつかいしゅう》の護衛をつとめたこともある。

しかし、勤王党の弾圧とともに捕縛された。厳しい拷問を受けた末に打ち首となってしまった。

パーソナルデータ

出身地：土佐国（高知県）
生没年：1838～1865（龍馬の3歳下）
死　因：斬首（享年28歳）
名　前：以蔵（通称）、宜振（諱）、土井鉄蔵（変名）
思　想：尊王攘夷

亀山社中
海援隊

近藤長次郎《こんどうちょうじろう》

龍馬の右腕として活躍するが、盟約違反で切腹

幼い頃は家業の饅頭《まんじゅう》を売り歩いていたため、「饅頭屋長次郎」と呼ばれた。身分は低かったが、若くして聡明であった。亀山社中《かめやましゃちゅう》では、その中心人物となり、外交と商売の才能を発揮している。

薩長和解《さっちょうわかい》周旋時には、長州《ちょうしゅう》藩のために軍艦を購入する。

その際、謝礼金を受け取った長次郎は、それをグラバーに渡し、単身イギリス留学を計画。ところが、寸前でそれがバレてしまう。横領罪の責任をとり、ケジメとして潔く腹を切って死んだ。

同じ師に集う。龍馬とのめぐり合わせ

河田小龍の下に集う
龍馬と同時期に河田小龍《かわだしょうりょう》を訪ね、交流をもつように。ともに小龍の影響で、世界に目を向け始める。

近藤長次郎

坂本龍馬

それぞれ小龍の教えを胸に、別別の道に進む

江戸に遊学に出て、学問に励む

一度土佐へ帰り、再び江戸へ出る

土佐勤王党の一員になる

脱藩《だっぱん》をして、江戸を目指す

勝海舟に入門する
ときを同じくして江戸に出てきた二人。勝海舟《かつかいしゅう》に魅せられた龍馬は長次郎を誘い、再び同一の師の下で学ぶ。

能力の高さは多くの人に認められていた。オランダ語や英語を話すこともできた。龍馬が信頼を寄せた一人

【功績】

◯薩長和解のきっかけになった武器・軍艦購入の交渉を担当する

龍馬とのエピソード

頑固な姿勢を龍馬になだめられる

長次郎は、ユニオン号を購入した際、長州と諍いを起こしてしまう。ユニオン号を平時は亀山社中が使用できるようにしたかったのだが、長州側が難色を示したのだ。長州との関係がこじれるのを案じた龍馬が仲裁に入り、長次郎を譲歩させた。

パーソナルデータ

出身地：土佐国（高知県）
生没年：1838～1866
（龍馬の3歳下）
死　因：切腹（享年29歳）
名　前：長次郎（通称）、昶（諱）、梅花道人（号）、上杉宗次郎（変名）
思　想：開国

長岡謙吉《ながおかけんきち》

海援隊のブレーンとして龍馬を支える

龍馬が海援隊《かいえんたい》隊長として表舞台で活躍する陰には、この長岡謙吉の存在があった。龍馬の秘書であり、海援隊の文書係として通信文書を作成するなど、組織に欠かせない役割を果たした。

謙吉は、土佐の医師の家に生まれた。河田小龍《かわだしょうりょう》に蘭学を学ぶなど、幼い頃から開国に理解を示していた。二六歳の頃に、学問への探求心から脱藩《だっぱん》し、長崎で外国人医師に師事する。一時土佐に強制送還されたが、再脱藩して海援隊に参加し、龍馬とともに活躍する。

龍馬のアイディアをすべて文書化した

謙吉はいつも龍馬のそばについて、その言葉を書き留めた

龍馬が語る言葉
龍馬のアイディアは、隊士たちとの自由討議やふとした思いつきで生み出される。

長岡謙吉が筆記してまとめる
和漢の学に通じ、西洋学もこなす深い教養があったからこそ、龍馬の言葉をよく理解し、まとめることができた。

文章化する
龍馬の言葉は、謙吉の文章で具体化される。船中八策《せんちゅうはっさく》も謙吉の手によるもので、見事な政策として仕上げられた。

パーソナルデータ

出身地	土佐国（高知県）
生没年	1837～1872（龍馬の2歳上）
死　因	病死（享年39歳）
名　前	今井純正、敦美、恂（別名）、謙吉（通称）、懐山（号）
思　想	開国

亀山社中
海援隊

陸奥源二郎《むつげんじろう》

資質を見出され、「準」土佐藩士として活躍

龍馬も陸奥の商才を認めた

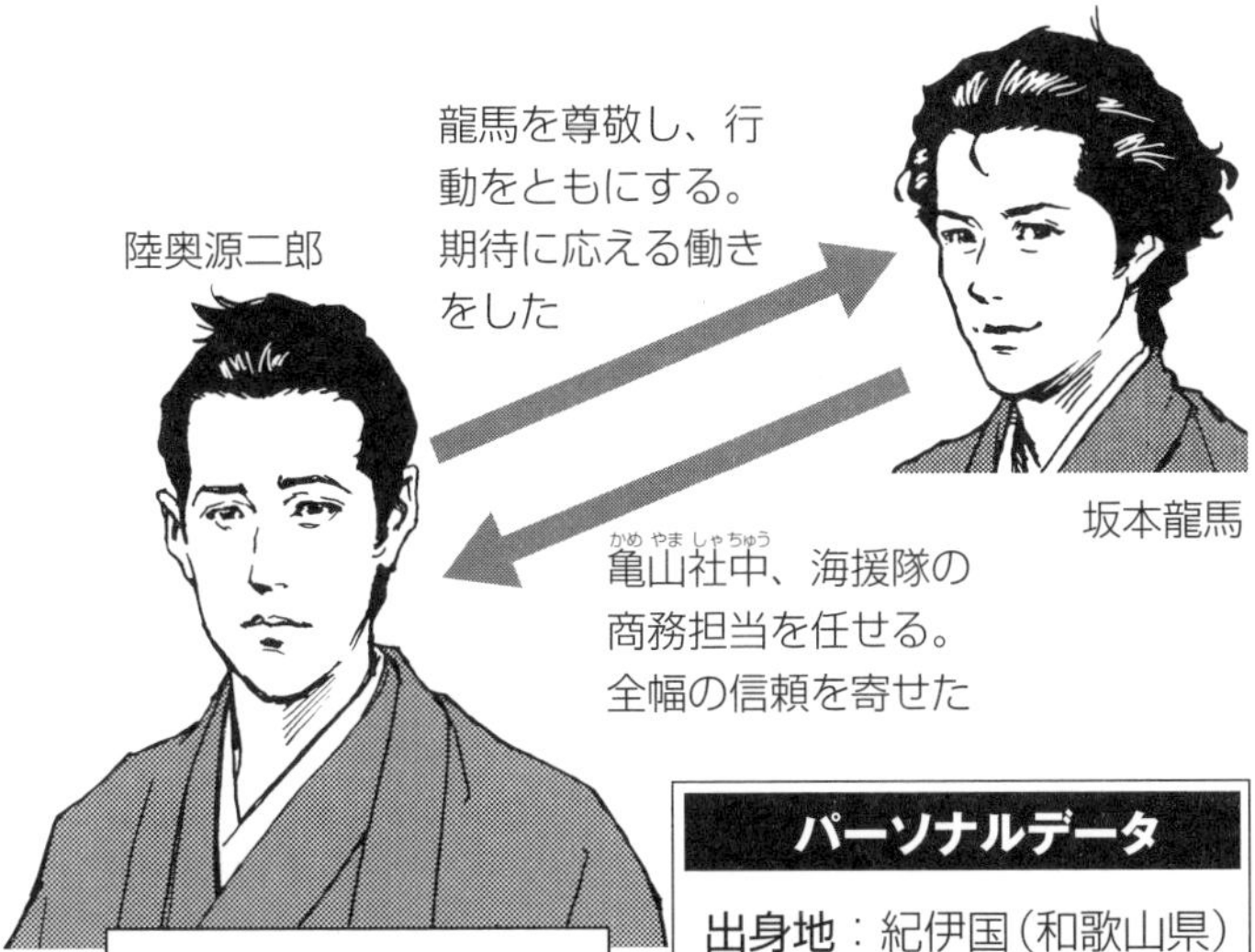

陸奥源二郎
龍馬を尊敬し、行動をともにする。期待に応える働きをした
坂本龍馬
亀山社中《かめやましゃちゅう》、海援隊の商務担当を任せる。全幅の信頼を寄せた

「商方の愚案」を提出
海援隊の近代化のために、西洋の商業原理を説く。商品の海上輸送保険、商売専門の隊士を置くことなどを主張。

パーソナルデータ

出身地：紀伊国（和歌山県）
生没年：1844～1897（龍馬の9歳下）
死　因：病死（享年54歳）
名　前：伊達小次郎、源二郎、陽之助（通称）、宗光（諱）
思　想：尊王攘夷→開国

紀州藩の国学者の家に生まれ、父の影響で尊王攘夷《そんのうじょうい》思想をもつ。一五歳で江戸に遊学し、桂小五《かつらこご》郎《ろう》などの尊王攘夷派志士と交流した。神戸海軍操練所《かいぐんそうれんじょ》で龍馬と出会い、のちに海援隊にも参加する。

龍馬は、陸奥の商才と交渉術を認め、「刀を二本差さなくても食っていけるのは、俺と陸奥だけだ」と語っていた。

龍馬が暗殺されたときには憤慨し、紀州藩士の三浦休太郎《みうらきゅうたろう》を黒幕と見て、同志一五人を連れて襲撃（天満屋《てんまや》事件）している。

亀山社中
海援隊

沢村惣之丞《さわむらそうのじょう》

土佐の下級武士出身。間崎哲馬《まさきてつま》に師事する。その後土佐勤王党《とさきんのうとう》に加入するが、意見を違え、吉村虎太郎《よしむらとらたろう》とともに脱退し、土佐藩も脱藩《だっぱん》。一時帰国して、武市《たけち》に諸国の情勢を報告後、龍馬を誘って再び脱藩する。

一時龍馬と別行動をとるが、龍馬に誘われて勝海舟《かつかいしゅう》の塾に入門。その後は亀山社中《かめやましゃちゅう》、海援隊《かいえんたい》にも参加する。英語が堪能で、外国人との交渉に長けていた。

龍馬の死後も長崎で活動する。戊辰《ぼしん》戦争後の混乱のなか、酔った暴漢を射殺。これが友好関係にある薩摩《さつま》藩士と判明し、責任をとり切腹した。

パーソナルデータ

出身地：土佐国（高知県）
生没年：1843〜1868
（龍馬の8歳下）
死　因：切腹（享年26歳）
名　前：惣之丞（通称）、延世（諱）、前河内愛之助、関雄之助（変名）
思　想：尊王攘夷→開国

亀山社中
海援隊

高松太郎《たかまつたろう》

龍馬の甥。土佐藩郷士《ごうし》・高松順蔵《たかまつじゅんぞう》と母・千鶴《ちづ》（龍馬の実姉）の長男として生まれる。一九歳の頃、九州へ遊学し、武市半平太《たけちはんぺいた》と出会って尊王攘夷《そんのうじょうい》に目覚め、土佐勤王党に加盟。尊王攘夷派志士として活動する。やがて、叔父・龍馬の誘いで脱藩し、勝海舟の海軍塾に入った。その後は沢村と同様、亀山社中、海援隊士として活躍する。

海援隊の解散後は土佐へ帰る。一八七一年（明治四）、龍馬の功績をたたえる朝廷から、その家督を継ぐよう命じられ、名を坂本直《なお》と改めた。

パーソナルデータ

出身地：土佐国（高知県）
生没年：1842〜1898
（龍馬の7歳下）
死　因：病死（享年57歳）
名　前：太郎（通称）、清行（諱）、小野淳輔、坂本直（別名）
思　想：尊王攘夷→開国

亀山社中
海援隊

池《いけ》内蔵太《くらた》

海援隊の主力メンバー。龍馬とは近所同士で、幼い頃から親交があったという。土佐勤王党の結成に尽力し、のちに脱藩。長州《ちょうしゅう》藩士らと親しく交わり、下関戦争や天誅組《てんちゅうぐみ》の乱、禁門《きんもん》の変などの戦場で活躍する。

その後、龍馬の誘いで亀山社中に加入。しかし、海援隊に変わったばかりの一八六六年、ワイルウェフ号で薩摩を目指す航海中、台風に遭遇し、船は沈没。海の藻屑と消えた。

龍馬はその死を知り「わしより先に死ぬやつがあるか。わし亡きあとの海援隊を継がせるつもりだったのに」と嘆いたという。

パーソナルデータ

出身地：土佐国（高知県）
生没年：1841～1866（龍馬の6歳下）
死　因：水死（享年26歳）
名　前：内蔵太（通称）、定勝（諱）、細川左馬之助、細江徳太郎（変名）
思　想：尊王攘夷→開国

亀山社中
海援隊

そのほかの海援隊士

龍馬の興した、日本初の商社ともいわれる海援隊には、さまざまな志士が加入した。なかでも同郷の土佐出身者が最も多く、海軍塾から付き合いのある学友や、亀山社中から参加した者などがいた。

土佐出身者の千屋虎之助《ちやとらのすけ》（菅野覚兵衛《すがのかくべえ》）は、龍馬の死後、未亡人となったお龍の面倒をよく見た人で、明治に入ってからは海軍軍人として活躍。

同じ土佐藩出身の石田英吉《いしだえいきち》は、のちに秋田県令・千葉県知事など多くの県知事職を歴任した。

福井藩士だった関義臣《せきよしおみ》、長岡藩士だった白峰駿馬《しらみねしゅんめ》など、他藩出身の者も数多く在籍。そのほかにも、多くの者が明治の世で軍人・政治家として名を成した。

元・越前藩士の渡辺剛八《わたなべごうはち》は、龍馬が暗殺されたときに、単身上洛して敵討ちをすると憤ってほかの隊士に止められている。

長州藩

桂小五郎《かつらこごろう》

龍馬の協力を得て、長州藩の復権を成し遂げる

長州《ちょうしゅう》藩の中心的人物。長州の医師の家に生まれ、藩校の明倫館《めいりんかん》で吉田松陰《よしだしょういん》に師事する。同郷の久坂《くさか》玄瑞《げんずい》や高杉晋作《たかすぎしんさく》らと尊王攘夷《そんのうじょうい》運動を展開。倒幕《とうばく》派の急先鋒である長州を盛り立て、ときには同志の暴走を抑える役目も果たした。

薩長会談《さっちょうかいだん》でも長州藩代表として同盟の決断を下す。以後も西郷隆《さいごうたか》盛《もり》や小松帯刀《こまつたてわき》らと関わり、両藩の絆を深めて、倒幕を果たした。

新政府でも活躍し、薩摩藩の西郷と大久保利通《おおくぼとしみち》に並び「維新の三傑」に数えられている。

《薩長同盟の前まで消息不明だった》

1864年7月 禁門《きんもん》の変が勃発

敗れた長州藩士たちは長州へ帰る
長州藩内でも、尊王攘夷派が弾圧され、保守的な勢力が実権を握る。

桂は姿をくらまして但馬《たじま》に潜伏
長州藩の仲間にも潜伏先を知らせず、生死不明のまま潜伏していた。

1864年12月 高杉晋作がクーデターを起こし、尊王攘夷派の勢力が復活

高杉晋作のクーデター成功を知り、長州へ帰国

尊王攘夷派が再び藩政の実権を握る
高杉晋作が倒幕路線で長州藩を一本化。桂も藩政に参加し、幕府との対決姿勢を打ち出す。

1865年4～5月 消息不明だった桂が帰国。その頃薩長和解に乗り出した龍馬と下関で会う。

桂は、池田屋事件後の京都に身をやつした姿で潜伏し、情報収集活動を続けた

【功績】

○薩摩と和解して、薩長同盟を締結する
○長州藩を指導して倒幕を実現する

龍馬とのエピソード

大政奉還論を〝老婆の理屈〟に例える

桂は、龍馬の大政奉還論《たいせいほうかん》に反対した。平和的な倒幕は実現不可能なものだと考え、「公論と思って天下に唱えたものの、実行されずそのままになることを〝老婆の理屈〟というぞ」と、龍馬を批判した。あくまで武力行使の必要性を主張していた。

パーソナルデータ

出身地：長門国（山口県）
生没年：1833～1877
（龍馬の2歳上）
死　因：病死（享年45歳）
名　前：小五郎（通称）、木戸寛治、木戸準一郎（変名）、孝允（諱）
思　想：尊王攘夷→武力倒幕

長州藩

高杉晋作《たかすぎしんさく》

「動けば雷電のごとく」と評された革命の申し子

由緒ある武士の家に生まれる。幼なじみの久坂玄瑞の勧めで松下村塾《しょうかそんじゅく》に学び、尊王攘夷《そんのうじょうい》運動に傾倒。過激な尊王攘夷運動を展開した。

二四歳のときに藩命で上海《シャンハイ》へ渡航。イギリスの半植民地になった清（中国）を見て危機感を抱き、攘夷のための貿易が必要だと悟る。

禁門《きんもん》の変後、幕府に恭順しようとする保守派に抗してクーデターを起こし、政権を奪取。第二次長州征伐でも幕府軍を撃退し、抜群の働きを見せたが、持病の肺結核が悪化し、若くしてこの世を去る。

《龍馬とは気心を通じた間柄だった》

ピストルを渡す 1865年12月

龍馬と意気投合する。薩摩《さつま》との会談を渋る桂小五郎《かつらこごろう》を説得し、後押ししたのも高杉。龍馬には護身用にピストルを贈った。

↓

歌を詠み合う 1866年6月

第二次長州征伐直前に再会。龍馬と酒を酌み交わし、互いに歌を詠み合った。

高杉：かくすればかくなるものと知りながら止むにやまれぬ大和魂

龍馬：かくすればかくなるものと我も知るなほやむべきか大和魂

パーソナルデータ

出身地：長門国（山口県）
生没年：1839～1867（龍馬の4歳下）
死　因：病死（享年29歳）
名　前：晋作、東一（通称）、春風（諱）、東行（号）、谷潜蔵、宍戸刑馬（変名）
思　想：尊王攘夷→武力倒幕

長州藩

久坂玄瑞《くさかげんずい》

長州藩を訪れた龍馬に、脱藩の道を諭す

《志士同士の横のつながりに期待する》

長州藩内

尊王攘夷論

中心人物：久坂玄瑞
吉田松陰の松下村塾メンバーが中心。久坂玄瑞は高杉や桂と協力して、長井雅楽を批判する。

対立

公武合体論

中心人物：長井雅楽《ながいうた》
「航海遠略策《こうかいえんりゃくさく》」という政策を掲げる。公武合《こうぶがっ》体《たい》を後押しする内容で、藩論として幕府に提案する。

藩には頼れない状態だった

公武合体路線だった長州藩では、尊王攘夷派は力がない。そこで、各国の尊王攘夷派志士たちが脱藩し、結束しようという思想が生まれた。

パーソナルデータ

出身地：長門国（山口県）
生没年：1840～1864
（龍馬の5歳下）
死　因：自害（享年25歳）
名　前：秀三郎、義助（通称）、通武（諱）、玄瑞（字）、松野三平（変名）
思　想：尊王攘夷

勤王党の使者として長州《ちょうしゅう》を訪れた龍馬に、志士活動の意義を説き、脱藩《だっぱん》のきっかけを与えた。

長州の藩医の家に次男として生まれ、一七歳のときに九州へ遊学。学問に優れ、高杉晋作と並ぶ秀才といわれた。安政《あんせい》の大獄《たいごく》で師の吉《よし》田松陰《だしょういん》が刑死すると、その遺志を継ぎ、尊王攘夷運動のリーダーとして活躍する。

八月十八日の政変で長州勢が失脚すると、勢力を挽回するため京都へ出兵。禁門の変を起こすが、目的を果たせず自害してしまう。

薩摩藩

西郷隆盛《さいごう たかもり》

龍馬の考えに共鳴して薩摩藩を動かす

龍馬と海舟に出会い、考えを変える

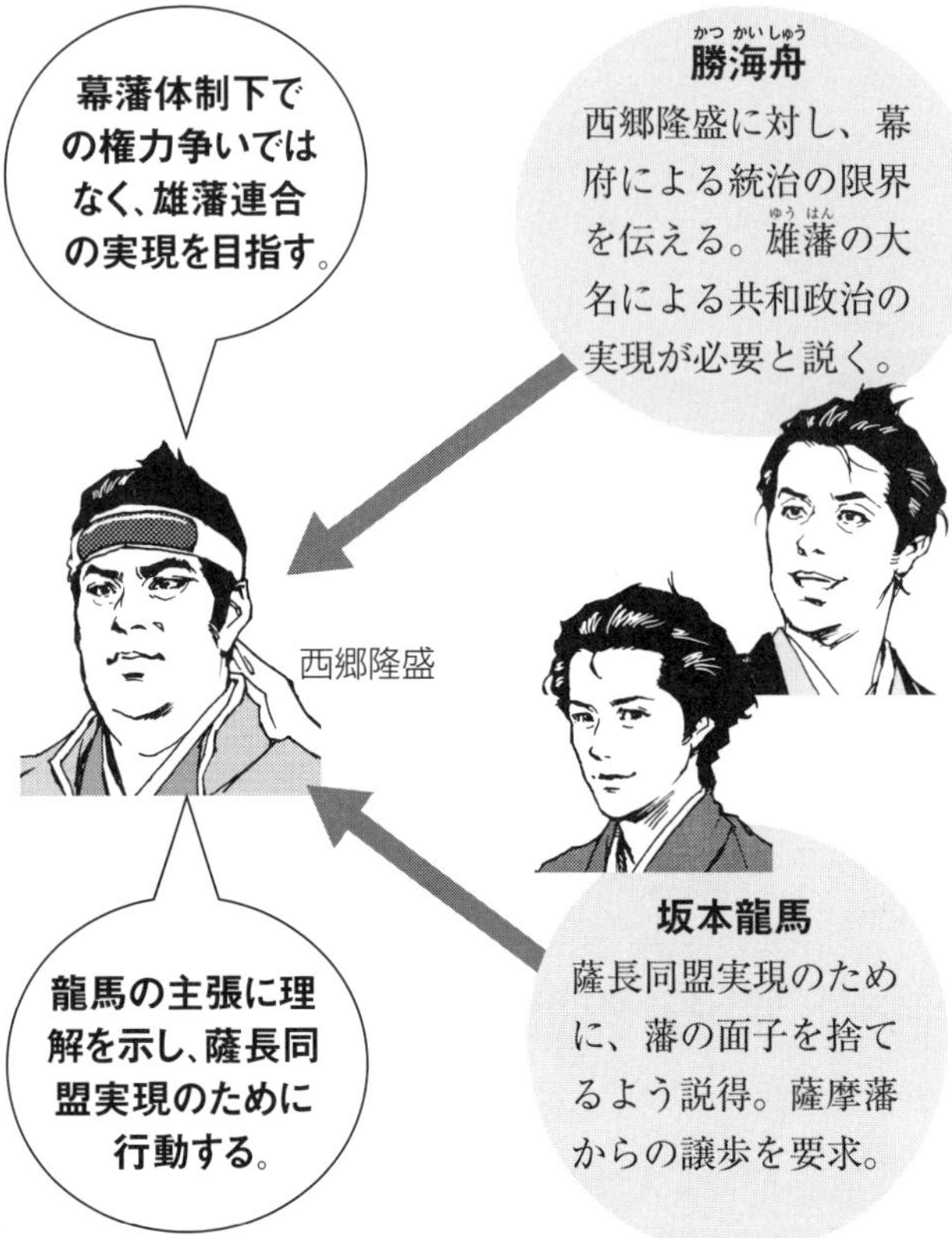

勝海舟《かつかいしゅう》
西郷隆盛に対し、幕府による統治の限界を伝える。雄藩《ゆうはん》の大名による共和政治の実現が必要と説く。
幕藩体制下での権力争いではなく、雄藩連合の実現を目指す。
西郷隆盛
坂本龍馬
薩長同盟実現のために、藩の面子を捨てるよう説得。薩摩藩からの譲歩を要求。
龍馬の主張に理解を示し、薩長同盟実現のために行動する。

薩摩《さつま》藩の下級武士の家に生まれる。薩摩独特の「郷中制度《ごじゅうせいど》」という教育システムのなかで、親分格として存在感を発揮。農民の苦境を訴えるために書いた建白書が、藩主・島津《しまづ》斉彬《なりあきら》の目にとまり、側近となる。

のちに国父の島津久光《ひさみつ》と衝突するも、次第に政治の表舞台に立つ。薩摩が公武合体《こうぶがったい》路線をとると陣頭に立ち、長州《ちょうしゅう》と戦った。しかし、龍馬らが進めた薩長《さっちょう》会談では、あえて長州藩に歩み寄って同盟し、ともに倒幕《とうばく》運動を推進した。

【功績】

○薩長同盟を締結する

○江戸城の無血開城を実現させる

剣術は下手だが、戦好き。禁門の変では、前線で指揮をとり、長州藩を敗走させた

龍馬とのエピソード

西郷家へ来たずうずうしい居候

龍馬は、海《かい》軍《ぐん》操《そう》練《れん》所《じょ》解散後に薩摩へ渡り、西郷の家に半月ほど厄介になったことがある。床に寝そべって本を読み、わからないところを西郷に聞いては「さようか」と満足げにうなずく。客とも思えない態度に、西郷の弟や妻は驚いたという。

パーソナルデータ

出身地：薩摩国（鹿児島県）
生没年：1828〜1877（龍馬の7歳上）
死　因：自害（享年51歳）
名　前：吉之助（通称）、隆永、武雄（諱）、南洲（号）、菊池源吾、大島三右衛門（変名）
思　想：公武合体→武力倒幕

薩摩藩

小松帯刀《こまつたてわき》

龍馬の活動を公私にわたり陰で支える

薩摩藩家老の立場で、幅広い支援

支援の例

○ゆき場を失った龍馬たちを引き受ける。
○亀山社中《かめやましゃちゅう》設立に出資する。
○薩長同盟《さっちょうどうめい》時の会談場所として自分の家を貸す。
○寺田屋《てらだや》での襲撃後の世話。
○龍馬とお龍《りょう》の新婚旅行をプロデュースする。

坂本龍馬
神戸海軍操練所が閉鎖され、ゆき場を失った龍馬ら塾生たち。

支援

小松帯刀
薩摩藩の家老として実質的な責任者をつとめる。龍馬の活動を、薩摩藩を挙げてバックアップする。

小松帯刀

パーソナルデータ

出身地：薩摩国（鹿児島県）
生没年：1835～1870（龍馬と同い年）
死　因：病死（享年36歳）
名　前：尚五郎、帯刀（通称）、清廉（諱）
思　想：公武合体→雄藩連合

薩摩《さつま》の地方領主の家に生まれる。家老《かろう》職をつとめる名門・小松家の養子となり、のちに家督を継いだ。エリートながら政治の才能にも恵まれ、藩の指導者・島津久光《しまづひさみつ》の信頼を一身に受け、政治の表舞台で活躍する。

西郷隆盛《さいごうたかもり》や大久保利通《おおくぼとしみち》など、下級藩士ながら優秀な人物を全面的に信頼し、その後ろ盾となって政局に大きく影響を与え続けた。

海舟《かいしゅう》失脚後の龍馬とその仲間たちを匿い、公私にわたってさまざまな支援をした。

薩摩藩

大久保利通《おおくぼとしみち》

同郷の西郷隆盛、長州《ちょうしゅう》の桂小五郎《かつらこごろう》と並ぶ「維新の三傑」の一人。出自は薩摩藩の下級武士で、西郷とは幼い頃から親友同士であり、ともに学問を学んだ。

島津斉彬《しまづなりあきら》に見出されて登用され、その死後は弟の久《ひさ》光《みつ》を補佐。薩摩を雄藩《ゆうはん》として着実に成長させた。どちらかといえば、西郷が表舞台で交渉し、大久保はその裏で作戦を練るという役割分担がなされていた。

薩摩に龍馬を招いた際、汚れた身なりを心配して服を贈っている。明治政府の中心的人物として活躍するが、西郷とは袂を分かち、西南戦争で戦う羽目になる。

パーソナルデータ

出身地：薩摩国（鹿児島県）
生没年：1830～1878
（龍馬の5歳上）
死　因：暗殺（享年49歳）
名　前：一蔵（通称）、利通（諱）、甲東（号）
思　想：公武合体→武力倒幕

薩摩藩

五代友厚《ごだいともあつ》

「東の渋沢栄一《しぶさわえいいち》、西の五代友厚」とも称されるほど実業家として名高い。龍馬とは「いろは丸」購入時に、ともにオランダ商人と交渉するなどの接点があった。

長崎海軍伝習所《かいぐんでんしゅうじょ》で学び、若い頃から海外に興味をもち、上海《シャンハイ》へも密航した。のちの薩英《さつえい》戦争では、寺島宗《てらしまむね》則《のり》とともに捕虜となる。その後、薩摩とイギリスが手を組むようになると、藩命により貿易を担当。さらに、イギリスへ視察にも出かけている。

新政府でも能力を発揮し、外国官権判事、大阪府権判事兼任として大阪に赴任する。街の発展にも貢献した。

パーソナルデータ

出身地：薩摩国（鹿児島県）
生没年：1835～1885
（龍馬と同い年）
死　因：病死（享年51歳）
名　前：才助（通称）、友厚（諱）、松陰（号）、関研蔵（変名）
思　想：開国

福井藩

松平春嶽《まつだいらしゅんがく》

幅広い人脈づくりのきっかけを与える

春嶽から龍馬の人脈は広まった

龍馬と春嶽が出会う

勝海舟《かつかいしゅう》
攘夷論を抜け出して、海防の必要性を感じていた龍馬をさらに成長させるために、専門家の勝を紹介した。

横井小楠
春嶽の政治顧問をつとめていた小楠と龍馬を会わせる。小楠の開明的思想は龍馬の世界を広げた。

福井藩士
福井藩を訪れたことで、由利公正《ゆりきみまさ》や中根雪江など優秀な福井藩士にも会う機会を得た。

一介の脱藩《だっぱん》浪士だった龍馬の才能を見抜いたように、人材登用に優れる。中根《なかね》雪江《せっこう》、橋本《はしもと》左内《さない》、横《よこ》井小楠《いしょうなん》らを重用した。

徳川御三卿《ごさんきょう》の田安家に生まれたエリートで、越前松平家の養子に入り、一六代藩主となる。

土佐藩の山内容堂《やまうちようどう》らとともに「幕末の四賢侯」に挙げられるほどの英邁な人物であった。幕政にも積極的に参加し、幕府の政事《せいじ》総《そう》裁職《さいしょく》としても活躍。戦争には一貫して反対し、長州征伐や薩長《さっちょう》による倒幕戦にも参加しなかった。

幕府の要職に就いたが、一橋慶喜《ひとつばしよしのぶ》と意見が対立することも多く、思うような成果は残せなかった
【功績】
○龍馬に勝海舟との出会いのきっかけを与える
○大政奉還の実現に協力する

龍馬とのエピソード

龍馬が信頼をおいた「一大藩」

海軍塾設立の際に資金を借りたり大《たい》政《せい》奉《ほう》還《かん》建白の助言を求めたりするなど、龍馬は事あるごとに春嶽を頼りにした。龍馬はたびたび福井藩に赴いている。

幕府内でも強い発言力をもつ春嶽の存在は、龍馬にとって心強いものだったに違いない。

パーソナルデータ

出身地：江戸（東京都）
生没年：1828～1890
（龍馬の7歳上）
死　因：病死（享年63歳）
名　前：慶永（諱）、春嶽（号）
思　想：開国、雄藩連合

横井小楠《よこいしょうなん》

日本が目指すべき国家像を示した

日本人のほとんどが「攘夷《じょうい》」を唱えていた頃、開国の必要性を叫び、海外文化を吸収して、国を富ませることの重要性にいち早く気付いていた人物である。勝海舟《かつかいしゅう》もその先見性を認めていた。

生まれは肥後熊本。藩士の次男だった横井は、勉学に励み、やがて藩校の塾長に任命される。のちに私塾「四時軒《しじけん》」を開き、多くの門弟を輩出。松平春嶽《まつだいらしゅんがく》の政治顧問に招かれ、幕政改革にも関わった。

多くの志士が教えを乞いに訪れ、龍馬も三度ほど訪問している。

小楠の思想が龍馬に影響を与えた

横井小楠の思想

身分にとらわれない政治参加や、貿易による富国強兵など、最先端の思想を説く。幕府にも「国是七条」を提唱した。

小楠の思想は、龍馬が実践したさまざまな政策に影響を与えた

「国是七条」の要点

1 将軍が朝廷に謝る
2 参勤交代をやめる
3 大名の家族を国許《くにもと》に返す
4 身分に関係なく人材を登用する
5 開かれた公共の政治を行う
6 海軍を強化する

パーソナルデータ

出身地：肥後国（熊本県）
生没年：1809～1869（龍馬の26歳上）
死　因：暗殺（享年61歳）
名　前：平四郎（通称）、時存（諱）、小楠（号）
思　想：攘夷→開国

福井藩

由利《ゆり》公正《きみまさ》

財政のエキスパートを龍馬が見出した

《龍馬の死の直前に、新政府の財政問題を語る》

坂本龍馬
新政府の財源をどうするか、策がない。財政の重要性に気づいていた龍馬は方策を求めた。

相談 →

由利公正
新政府の財源は、新しい紙幣を発行して、経済を豊かにすることでまかなうべきと提案。

回答 →

龍馬から新政府の要職に推薦される
龍馬が生前、新政府の財政担当に由利を推薦していた。龍馬の期待に応え、新政府の財政確保に貢献した。

パーソナルデータ

出身地：越前国（福井県）
生没年：1829～1909
（龍馬の6歳上）
死　因：病死（享年81歳）
名　前：三岡八郎、公正（通称）、義由（諱）
思　想：開国、雄藩連合

明治政府で財政手腕を発揮する由利は、越前の貧しい家に生まれた。貧しい頃の暮らしが、その財政手腕に生かされたという。

諸国遊歴中の横井小楠に話を聞いて感銘を受ける。小楠が一時帰国する際には同行したほどだった。

龍馬とも意気投合。龍馬が福井を訪れた際、由利は藩内抗争に敗れて謹慎中だったが、二人は朝から晩まで国政を論じ合った。

ある日、由利は龍馬からもらった肖像写真を川に落とす。それは龍馬が暗殺された日であった。

福井藩

中根雪江《なかねせっこう》

福井藩の上級武士の家に生まれる。松平春嶽《まつだいらしゅんがく》が藩主に就任すると、福井藩士の橋本左内《はしもとさない》らとサポートにあたり、藩政改革に取り組んだ。春嶽の教育係的な存在であり、ペリー来航に際しては、開国論を教え込む。安政《あんせい》の大獄《たいごく》で春嶽が失脚したときも、そして政界復帰したときも、行動をともにした。

龍馬が、春嶽に面会をする前に応対に出たのが中根であった。のちに龍馬は中根に対し、福井藩が上洛し、京都の公武合体派《こうぶがったいは》と組んで、尊王攘夷派《そんのうじょういは》志士たちを抑える計画をもちかけたが、実現には至らなかった。

パーソナルデータ

出身地：越前国（福井県）
生没年：1807～1877
（龍馬の28歳上）
死　因：病死（享年71歳）
名　前：靫負《ゆきえ》、雪江（通称）、師質（諱）
思　想：開国、雄藩連合

鳥取藩

千葉重太郎《ちばじゅうたろう》

龍馬が江戸に出て学んだ、桶町千葉道場の主・千葉定吉《さだきち》の息子。剣の流派は北辰一刀流《ほくしんいっとうりゅう》。妹の千葉佐那《さな》は龍馬と恋仲になり、婚約を交わしたともいう。

黒船来航の年に、父が鳥取藩の剣術師範に就任し、鳥取藩の江戸屋敷に出張したため、重太郎が道場を任された。龍馬は彼から剣術を教わったと見られる。

その後、重太郎も鳥取藩に取り立てられて、鳥取藩士となっている。龍馬が初めて勝海舟《かつかいしゅう》の屋敷へ赴いたときには、行動をともにしたともいわれる。戊《ぼ》辰《しん》戦争では鳥取藩士として出陣し、旧幕府軍と戦った。

パーソナルデータ

出身地：江戸（東京都）
生没年：1824～1885
（龍馬の11歳上）
死　因：病死（享年62歳）
名　前：重太郎（通称）、一胤（諱）
思　想：尊王攘夷→開国

庄内藩

清河八郎《きよかわはちろう》

庄内藩・清河村の郷士、斉藤家に生まれる。幼くして学問に秀で、一八歳の頃江戸へ出て、学問と剣術の修行に没頭。龍馬と同じ北辰一刀流を千葉周作《しゅうさく》の玄武《げんぶ》館《かん》で学び、免許皆伝を得る。龍馬はときおり玄武館で稽古したことがあり、面識があったと考えられる。

将軍の徳川家茂《とくがわいえもち》が上洛する際、その護衛を口実に浪士を募集。しかし、京都に着くや、浪士たちを尊王攘夷の目的のために利用しようとする。これに反発し、京都に残った近藤勇《こんどういさみ》らが、のちに新選組《しんせんぐみ》となる。

その後、清河は幕府の刺客・佐々木只《ささきただ》三郎《さぶろう》らに暗殺された。

パーソナルデータ

出身地：出羽国（山形県）
生没年：1830〜1863
（龍馬の5歳上）
死　因：暗殺（享年34歳）
名　前：八郎（通称）、正明（諱）、大谷雄蔵（変名）
思　想：尊王攘夷

松代藩

佐久間象山《さくましょうざん》

松代藩の下級武士の家に生まれる。卜伝流《ぼくでんりゅう》の達人である父から剣や儒学などを学んで育つ。二三歳で江戸へ遊学し、二九歳で私塾「象山書院」を開く。のちに松代藩主・真田幸貫《さなだゆきつら》の顧問として幕政にも関わった。

この象山の塾には、勝海舟や吉田松陰《よしだしょういん》も通った。龍馬も入門し、砲術を学んでいる。

その後、京都で公武合体《こうぶがったい》・開国遷都論などを説いて回ったが、尊王攘夷派志士・河上彦斎《かわかみげんさい》に暗殺された。

象山は傲慢で、自信過剰な性格だったため敵も多かったが、多くの人に影響を与えた。

パーソナルデータ

出身地：信濃国（長野県）
生没年：1811〜1864
（龍馬の24歳上）
死　因：暗殺（享年54歳）
名　前：修理（通称）、国忠（諱）、象山（号）
思　想：公武合体

勝海舟《かつかいしゅう》

龍馬を飛躍させた、型破りな江戸っ子幕臣

貧しい幕臣の家に生まれる。蘭学を学び、黒船来航時に老中《ろうじゅう》の阿《あ》部《べ》正弘《まさひろ》に海防の意見書を出したことがきっかけで要職に抜擢された。長崎の海軍伝習所《かいぐんでんしゅうじょ》で学んだあと、咸臨丸《かんりんまる》で太平洋を横断。アメリカ合衆国で海外文化を体感する。その後、独自の理想に基づく日本の未来像を語り、龍馬をはじめ、多くの人物に影響を与えた。

戊辰《ぼしん》戦争では、幕府の軍事責任者として新政府軍の西郷隆盛《さいごうたかもり》と会談。停戦と江戸城の無血開城を提案し、市街戦を中止させた。

開明的すぎた幕臣・勝海舟の思想

	対外	対内
勝海舟	**積極的開国** 貿易で国を富ませる。利益をあげて外国に対抗できる海軍を創設する。	**雄藩《ゆうはん》連合の政治** 雄藩の大名が集まって、政治を行う。幕府も一大名として参加する。
幕府	**消極的開国** 外国の脅威に押されてやむなく開国。先延ばしにしようとする。	**幕府主導の政治** あくまでも幕府が主導権を握って政治を行う。
尊王攘夷派志士	**攘夷《じょうい》** 外国はすべて排除する。刀や槍などの従来の武器で追い返そうとする。	**朝廷主導の政治** 朝廷をうやまわせて、朝廷が中心となって政治を行う。

【功績】
○幕府の海防強化に尽力する
○江戸城無血開城を実現する

幕府の要人を軍艦に乗せて、海防の必要性を説いた。若者たちの教育にも力を尽くした

龍馬とのエピソード

龍馬、乙女に自慢の手紙を送る

海舟の弟子になった龍馬は、よほど嬉しかったとみえ、姉の乙女《とめ》に自慢する手紙を送った。「天下無二の軍学者・勝大先生の門人となり、ことのほか可愛がられて客分のように過ごしております、エヘンエヘン」と誇らしげな一文まで書き添えた。

パーソナルデータ

出身地：江戸（東京都）
生没年：1823～1899
（龍馬の12歳上）
死　因：病死（享年77歳）
名　前：麟太郎（通称）、義邦、安芳（諱）、海舟（号）
思　想：開国、雄藩連合

大久保一翁《おおくぼいちおう》

龍馬の才能を早くから見抜いていた

　徳川幕府の旗本の家に生まれる。若くして老中《ろうじゅう》の阿部正弘《あべまさひろ》に才能を見出されて要職に就いた。

　幕府の存続に力を注ぐため、野に埋もれた才能を求める。勝海舟《かつかいしゅう》の才能を見出し、海防掛として大坂・伊勢の海岸を視察した際にも随行させている。

　徳川家の安泰のため、公武合体《こうぶがったい》や大政奉還《たいせいほうかん》を推進。海舟の紹介で面談に来た龍馬にも大政奉還論の原点となる構想を説いた。最後まで幕臣として、江戸城の無血開城、徳川一門の助命嘆願に奔走した。

大久保の構想が大政奉還のもとになる

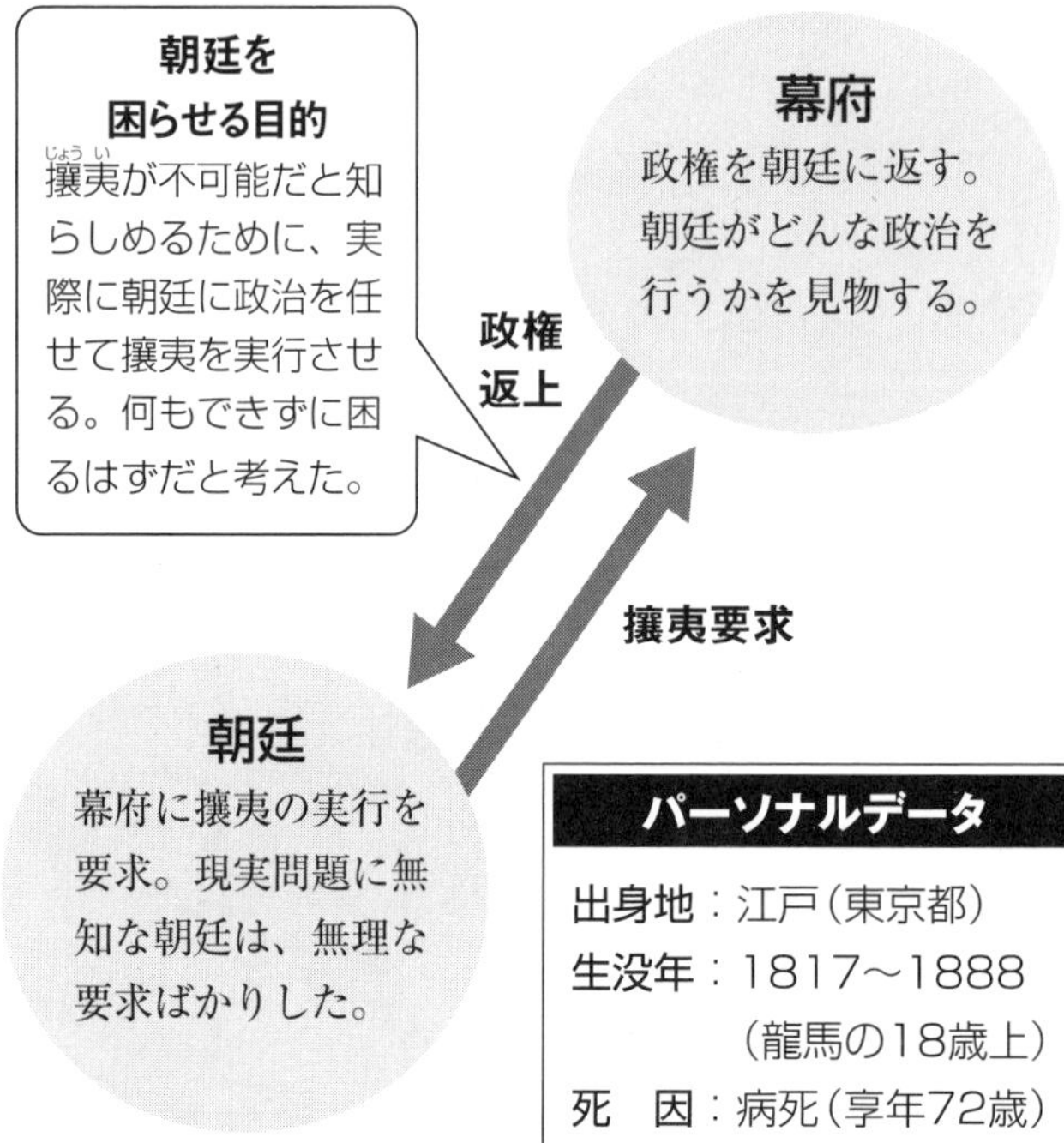
朝廷を
困らせる目的
攘夷《じょうい》が不可能だと知らしめるために、実際に朝廷に政治を任せて攘夷を実行させる。何もできずに困るはずだと考えた。
幕府
政権を朝廷に返す。朝廷がどんな政治を行うかを見物する。
政権返上
攘夷要求
朝廷
幕府に攘夷の実行を要求。現実問題に無知な朝廷は、無理な要求ばかりした。

パーソナルデータ

出身地：江戸（東京都）
生没年：1817～1888
（龍馬の18歳上）
死　因：病死（享年72歳）
名　前：金之助、市三郎（通称）、忠寛（諱）、一翁（号）
思　想：佐幕→雄藩連合

幕府

徳川慶喜《とくがわよしのぶ》

徳川幕府最後の将軍。大政奉還を受け入れた

徳川幕府最後の将軍。生まれは、水戸藩主・徳川斉昭《とくがわなりあき》の七男。一一歳のときに御三卿《ごさんきょう》の一つである一《ひとつ》橋《ばし》家へ養子に入り、その英明さで早くから将軍就任が期待された。

三〇歳で一五代将軍に就任した慶喜は、幕府権力の巻き返しをはかるが、武力による倒幕《とうばく》を阻止するために大政奉還を実施する。しかし、武力倒幕派の策略にはまり、戦端を開く結果となる。

当初は抗戦するが劣勢になるや大坂城を捨てて江戸へ逃走。その後は謹慎し、恭順の姿勢を貫いた。

大政奉還後の新体制を構想

徳川慶喜

[自分を頂点とした幕府勢力中心の体制]

大君《たいくん》
[政治の実権を握る]
慶喜が就任する。

天　皇
裁可のみで拒否権はない

議政院
[立法を担当する]
上院＝大名から選出
下院＝藩士から選出

全国守護兵
兵隊を統一する。

公府
[行政と司法を司る]
全国事務府＝官吏の人事や大目付の仕事など
外国事務府＝外国方の仕事
国益事務府＝交通・通信など
度支事務府＝公府の出納など
寺社事務府＝寺社奉行の仕事
学政事務府＝後日の改革待ち

パーソナルデータ

出身地：江戸（東京都）
生没年：1837～1913（龍馬の2歳下）
死　因：病死（享年77歳）
名　前：慶喜（通称）、昭致（諱）、興山（号）
思　想：公武合体

新選組《しんせんぐみ》

倒幕の主導者・坂本龍馬をつけ狙う

元新選組隊士に危険を忠告される

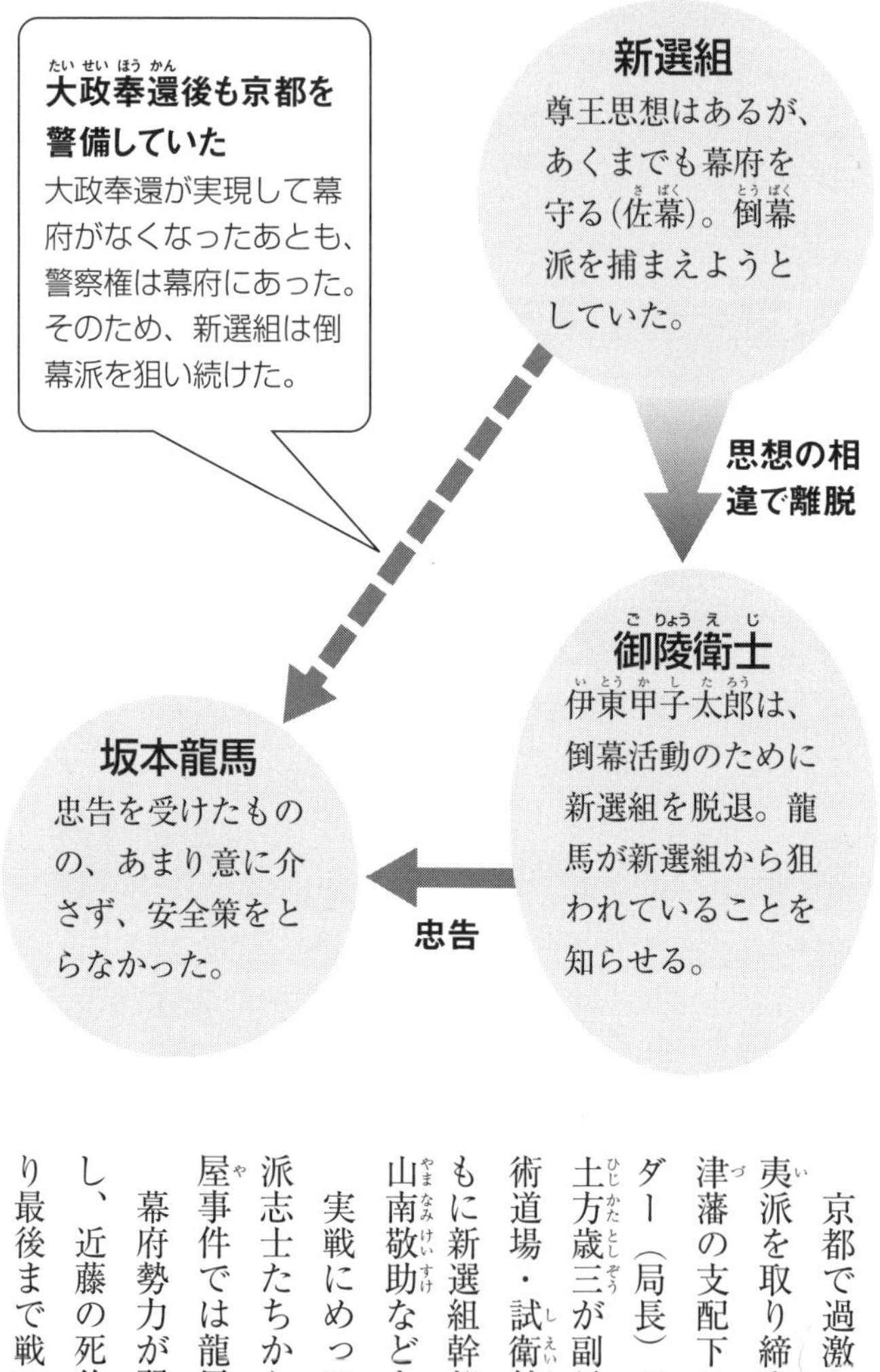
大政奉還《たいせいほうかん》後も京都を警備していた
大政奉還が実現して幕府がなくなったあとも、警察権は幕府にあった。そのため、新選組は倒幕派を狙い続けた。
新選組
尊王思想はあるが、あくまでも幕府を守る（佐幕《さばく》）。倒幕《とうばく》派を捕まえようとしていた。
思想の相違で離脱
御陵衛士《ごりょうえじ》
伊東甲子太郎《いとうかしたろう》は、倒幕活動のために新選組を脱退。龍馬が新選組から狙われていることを知らせる。
忠告
坂本龍馬
忠告を受けたものの、あまり意に介さず、安全策をとらなかった。

京都で過激な行動をする尊王攘《そんのうじょう》夷《い》派を取り締まった浪士集団。会《あい》津《づ》藩の支配下にあった。そのリーダー（局長）が近藤勇《こんどういさみ》で、同郷の土方歳三《ひじかたとしぞう》が副長。近藤は江戸の剣術道場・試衛館《しえいかん》の主でもあり、ともに新選組幹部となる沖田総司《おきたそうじ》や山南敬助《やまなみけいすけ》などを門弟としていた。

実戦にめっぽう強く、尊王攘夷派志士たちから恐れられた。池田《いけだ》屋《や》事件では龍馬の同志も討たれた。

幕府勢力が弱体化するなか奮闘し、近藤の死後も土方が指揮をとり最後まで戦い抜いた。

幕府

京都見廻組《きょうとみまわりぐみ》

剣術のエリート集団。龍馬暗殺を実行した

新選組と似た役割を果たし、同じく会津藩のお預かりとなった剣術のプロ集団。新選組が浪士ばかりだったのに対し、幕臣のみで構成されたのが見廻組である。

新選組が主に街路や繁華街を警備し、見廻組は御所や二条城周辺などの重要拠点に配された。

龍馬暗殺の実行犯は、隊士だった今井《いまい》信郎《のぶお》や渡辺篤《わたなべあつし》が犯行を「自供」したため、彼らだというのが最も有力な説とされる。

新選組よりも資料が少なく、見廻組の実態には不明な点も多い。

龍馬を斬った男たち

龍馬暗殺の実行犯とされる見廻組隊士。見張り役から襲撃役など計7〜8人とされる。

佐々木只三郎《ささきたださぶろう》
会津藩出身の生粋の佐幕派。幕府上層部の命令で、親分格として暗殺を指揮。

今井信郎
見張りにあたる。事件からしばらくあとに「犯行」の様子を詳細に語った。

渡辺吉太郎《わたなべきちたろう》
竹を割るような得意の面打ちで龍馬に斬りつけたという。江戸生まれ。

桜井大三郎《さくらいだいさぶろう》
当日は奥の間で見張り役をつとめていたとされる。江戸出身。

渡辺篤
京都出身。父から贈られた愛刀で龍馬に斬りつけたとのちに語っている。

桂早之助《かつらはやのすけ》
高橋、渡辺とともに２階へ上がり、龍馬たちを直接襲撃した。京都出身。

高橋安次郎《たかはしやすじろう》
江戸出身。２階に上がり、直接の襲撃に参加した４人のうちの１人。

土肥仲蔵《どひなかぞう》
江戸生まれ。近江屋《おうみや》の奥の間で今井・桜井とともに見張りをしていた。

公卿

岩倉具視《いわくらともみ》

龍馬の大政奉還論を非難。武力倒幕を主張する

《「討幕の密勅」を引き出した強硬派》

「討幕《とうばく》の密勅《みっちょく》」を画策
平和的に政権返上される前に、朝廷から「幕府を討て」という指令を得る。

龍馬の倒幕論
平和的に政権返上を実現し、武力を用いない。

岩倉具視の倒幕論
幕府だけでなく、徳川家も武力をもってつぶす。

非難する
武力に頼らない倒幕は非現実的と主張

公卿にしては珍しく政治的能力が高く、気骨のある人物だといわれる

パーソナルデータ

出身地：京都（京都府）
生没年：1825～1883（龍馬の10歳上）
死　因：病死（享年59歳）
名　前：具視（通称）、対岳（号）、友山（変名）
思　想：公武合体→武力倒幕

尊王攘夷《そんのうじょうい》派公卿を代表する一人。一三歳で岩倉家の養子に入るが、身分は低く、極貧生活を送る。のちに五摂家《ごせっけ》の鷹司政通《たかつかさまさみち》に接近し、その後ろ盾を得て出世を重ねた。

その後、天皇家の安定のため公《こう》武合体《ぶがったい》を推進し、皇女・和宮《かずのみや》を将軍家へ嫁がせた。しかし、対立勢力に佐幕《さばく》派との疑いをかけられ、朝廷を追われ、蟄居《ちっきょ》の身となる。

蟄居生活中に、はっきりとした武力倒幕《とうばく》姿勢を打ち出すようになる。薩長《さっちょう》と連携して、手段を選ばない倒幕運動へ意欲を燃やす。

公卿

三条実美《さんじょうさねとみ》

名門・三条家の生まれで、兄の早世によって家督を継ぐ。激しい尊王攘夷派公卿として有名。

一八六二年に勅使の一人として江戸へ出向し、一四代将軍・家茂《いえもち》に攘夷を督促した。尊王攘夷活動の一環で、孝明《こうめい》天皇主導の攘夷実行を企画するが失敗。公武合体派のクーデターに敗れて長州《ちょうしゅう》へ逃れ（八月十八日の政変）、さらに太宰府《だざいふ》で幽閉生活を送る。

ここで薩摩《さつま》の志士と交流し、のちの武力倒幕への火種をつくる。

岩倉とは対立していたが、龍馬と中岡慎太郎《なかおかしんたろう》の仲介により和解。ともに武力倒幕へ向けて手を組んだ。

パーソナルデータ

出身地：京都（京都府）
生没年：1837～1891
（龍馬の2歳下）
死　因：病死（享年55歳）
名　前：実美（通称）、梨堂（号）
思　想：尊王攘夷→武力倒幕

公卿

姉小路公知《あねがこうじきんさと》

三条実美と同様、尊王攘夷派公卿として知られる。幕府とアメリカの間で調印された「日米修好通商条約」に反対。幕政を批判し、島津久光《しまづひさみつ》に攘夷を行わせようとするなど、活発に動いていた。

しかし、ある夜、朝議（朝廷での評議）から帰る途中に暗殺される。暗殺の少し前に、勝海舟《かつかいしゅう》や龍馬から西洋の軍事力や海防の必要性を説かれていた。これが攘夷派志士を刺激し、開国派への変節を疑われて暗殺されたと見られる。容疑者の田中新兵衛《たなかしんべえ》（薩摩藩士）が取り調べ中に自殺したため真相は闇のなかとなった。

パーソナルデータ

出身地：京都（京都府）
生没年：1839～1863
（龍馬の4歳下）
死　因：暗殺（享年25歳）
名　前：公知（通称）
思　想：尊王攘夷

女性

お龍《おりょう》

京の医師、楢崎将作《ならさきしょうさく》の長女。父が死去したために困窮し、旅館などに奉公に出て、母や妹たちを養った。

京都に潜伏していた龍馬と知り合う。龍馬は乙女《とめ》への手紙で「面白い女で月琴を弾くことができます。名前は龍と申し、私に似ています」など書き送っている。

龍馬と出会う前の話だが、大坂へ女郎として売り飛ばされた妹を救うため、お龍は自分の着物を売って旅費を工面し、単身大坂へ。懐に刃物を忍ばせ、二人の悪人を相手に死ぬ覚悟で直談判におよんだ。

悪人もその勢いに負け、妹を見事取り返すことに成功した。

パーソナルデータ

出身地：京都（京都府）
生没年：1840〜1906
（龍馬の5歳下）
死　因：病死（享年67歳）
名　前：楢崎龍、お龍、お春、西村ツル

女性

平井加尾《ひらいかお》

龍馬の幼なじみで、初恋の相手とされる女性。和歌や文筆をたしなむ才女だった。龍馬の姉・乙女とは琴を習う稽古仲間で、坂本家と家族ぐるみの付き合いがあった。加尾の兄・収二郎《しゅうじろう》は土佐勤王党員《とさきんのうとういん》である。

山内容堂《やまうちようどう》の妹が京都の三条家に嫁ぎ、未亡人となったとき、侍女として上京する。京では土佐出身の志士に援助をしていたようで、龍馬も加尾に再会し、そばに置きたいと思ったのか、男装させて連れ出そうと画策したことがある。

明治維新後には、元土佐勤王党員の西山直次郎と結婚した。晩年、龍馬のことを恋しく思う詩を残したという。

パーソナルデータ

出身地：土佐国（高知県）
生没年：1838〜1909
（龍馬の3歳下）
死　因：病死（享年72歳）
名　前：加尾

女性

大浦慶《おおうらけい》

女性の茶貿易商。長崎の油問屋の娘で、若い頃に商家の息子と結婚したが、祝言の翌日に追い出し、以後は死ぬまで独身を貫いた。

イギリス商人を通じて、国外へ初めて日本茶を輸出し、これが成功して豪商となる。長崎の志士への援助を惜しまず、海援隊《かいえんたい》の面々も世話になった。あるとき龍馬が三〇〇両を借りた際、担保がなかったところ、「代わりに陸奥《むつ》を置いて行きなさい」といわれ、実際に陸奥源二郎《げんじろう》はしばらく慶の下に残された。

晩年、日本茶輸出貿易の先駆者として、明治政府から茶業振興功労褒賞を贈られた。

パーソナルデータ

出身地	長崎（長崎県）
生没年	1828〜1884（龍馬の7歳上）
死　因	病死（享年57歳）
名　前	慶

女性

お登勢《おとせ》

幕府領の大津宿で旅館を営んでいた大本重兵衛の次女。伏見の船宿・寺田屋《てらだや》に嫁ぎ、六代目伊助の妻となるが、放蕩《ほうとう》者の伊助の代わりによく働いた。宿屋の女将らしく世話好きで、薩摩《さつま》藩士と親しくなり、その縁で龍馬を匿うようになる。

龍馬はお登勢を「学問ある女。もっとも人物なり」と評価。お登勢のことを「おかあ」と呼び、信頼していた。また、お龍を養女としてくれるよう頼んだ。

薩摩藩の頼みで、龍馬が寺田屋にいる間は他の客はとらなかったともいう。お登勢の支援のおかげで、龍馬は京都で活発に行動できたといえる。

パーソナルデータ

出身地	近江国（滋賀県）
生没年	1829〜1877（龍馬の6歳上）
死　因	病死（享年49歳）
名　前	登勢

イギリス人

グラバー

幕末に活躍し、龍馬や亀山社中《かめやましゃちゅう》とも関わりが深かったイギリスの貿易商。スコットランドに生まれ、二〇歳頃に上海《シャンハイ》へ渡り、商社に勤務したあと、日米修好通商条約によって開港したばかりの長崎にやってきた。

本国にある商会の代理店という形で「グラバー商会」を設立し、生糸や茶を扱った。しかしその後、政治的な混乱に乗じ、武器や弾薬を販売。これを薩長《さっちょう》などの倒幕《とうばく》派勢力に大量に販売し、倒幕運動を間接的に後押しした。

維新後も日本で過ごす。武器が売れず、商会が倒産したあとは、三菱《みつびし》財閥の相談役として近代化に貢献した。

パーソナルデータ

出身地：スコットランド
生没年：1838〜1911
（龍馬の3歳下）
死　因：病死（享年73歳）
名　前：トーマス・ブレーク・グラバー

イギリス人

パークス

イギリスの外交官。イングランドの鉄工場主の長男として生まれる。両親を早くに失い、姉を頼って清（中国）に赴き、一五歳の若さでイギリス領事館に通訳として勤務する。一八六五年、駐日公使に就任して横浜へ。本国イギリスと敵対関係にあったフランスの駐日公使ロッシュが幕府を支援していたため、パークスは倒幕派の薩長に接近し、支援した。

海援隊士《かいえんたいし》がイギリス人水夫を殺害したと疑われたイカルス号事件では、土佐藩との談判に出席。机を叩いて怒鳴りつけると、後藤象《ごとうしょう》二郎《じろう》が毅然と抗議したため、態度を改めた。

パーソナルデータ

出身地：イングランド
生没年：1828〜1885
（龍馬の7歳上）
死　因：病死（享年57歳）
名　前：ハリー・スミス・パークス

イギリス人

サトウ

ロンドン出身の外交官。イギリス外務省の通訳見習となり、清国を経て一八六二年に来日。横浜へ赴任直後に、薩摩藩がイギリス人を殺傷におよぶ「生麦《なまむぎ》事件」が起きた。翌年には薩英《さつえい》戦争の現場に、一八六四年には四国艦隊の下関砲撃事件に立ち会った。

日本での活動に意欲を燃やし、やがて正規の通訳官・書記官に昇進。駐日公使パークスの下で活躍し、外交を補佐した。

日本には一時帰国した時期も合わせ、計二五年間滞在。「サトウ」という姓は本名。日本語が堪能で、「佐藤」の姓も好み、佐藤愛之《さとうあいの》助《すけ》と名乗る。日本人妻との間に二人の子をもうけた。

パーソナルデータ

出身地：イングランド
生没年：1843〜1929
（龍馬の8歳下）
死　因：病死（享年86歳）
名　前：アーネスト・サトウ

商　人

小曽根乾堂《こそねけんどう》

長崎屈指の豪商の長男。薩摩《さつま》藩と親しく付き合い、その仲介で小曽根家は亀山社中のスポンサーとなり、弟の英四郎《えいしろう》とともに、龍馬たちを支援。社中の事務所も、小曽根家の別邸を借りて設置された。

貧乏浪士の集まりだった亀山社中のメンバーが、外国商人と商談するにあたり、間に立ってフォローしたのも小曽根家であった。龍馬の妻・お龍《りょう》を匿い、月琴や短銃を習わせるなどして世話している。このように公私にわたって龍馬を支えた。

乾堂は、篆刻《てんこく》家としても世に名高く、のちに明治政府から御璽《ぎょじ》・国璽《こくじ》の刻印を依頼されている。

パーソナルデータ

出身地：長崎（長崎県）
生没年：1828〜1885
（龍馬の7歳上）
死　因：病死（享年58歳）
名　前：乾堂

周りから見た龍馬の人物評

龍馬は怖い顔をしていた？

写真が現存しているおかげで、今でも龍馬の雄姿を見ることができる。では、龍馬と同じ時代を生きた人々には、どのように映っていたのだろうか。

元陸援隊士《りくえんたいし》で龍馬と交流のあった田中《たなか》光顕《みつあき》は、龍馬の写真を見て、「写真写りがよすぎる」「あんなに男前じゃない」などと語ったという。

龍馬の容姿に関する証言では、寺田屋《てらだや》のお登勢《とせ》の娘の「色が黒く目が光っていて、ずいぶん怖い顔だった」や、元海援《かいえん》隊士《たいし》の関龍二《せきりょうじ》の「眼光が鋭く怖い顔だった」などがある。実物の龍馬は写真以上にすごみがあったのだろうか。

誰でも心を許す人懐っこさがある

怖い顔であっても、笑うと愛嬌があり、その性格は温和で、多くの人に好かれていたという。

とくに子供たちはよく龍馬に懐いていた。怪談話をしては、よく子供たちを喜ばせていたと、お登勢の娘がのちに述懐している。

道端に子供がいるとそばへ寄り、『早く大きくなれよ』と声をかけ、頭をなでてかわいがったという証言もある。

関龍二は、「温厚で嫌みなところがなかった」「赤子のように愛すべきところがあった」などと語り、龍馬の魅力的な人となりを伝えている。

【同時代人も認めた龍馬のすごさ】

西郷隆盛《さいごうたかもり》の証言　「天下に有志あり、余多く之と交はる。然れども度量の大、龍馬に如くもの、未だ曽てこれを見ず」

土方久元《ひじかたひさもと》の証言　「維新の豪傑にしては、余は西郷、高杉、坂本の三士を挙ぐべし」

陸奥源二郎《むつげんじろう》（宗光《むねみつ》）の証言　「坂本は近世史上の一大傑物にして、其融通変化の才に富める、其識見議論の高き、其他人を誘説感得するの能に富める、同時の人、能く彼の右に出るものあらざりき」

第三章

ゆかりの地。龍馬を身近に感じる

幼き日を過ごした土佐、
青春時代を過ごした江戸、
船に乗って夢を追いかけた長崎……。
日本全国を歩き回った龍馬には、
ゆかりの地が多い。

全国地図

日本各地に残る龍馬の足跡

龍馬の活動範囲は広い。とはいえ、各地を飛び回ったのは、土佐を脱藩《だっぱん》してからの５年間に凝縮されている。幕末維新の嵐とともに過ぎ去った、その足跡を見てみよう

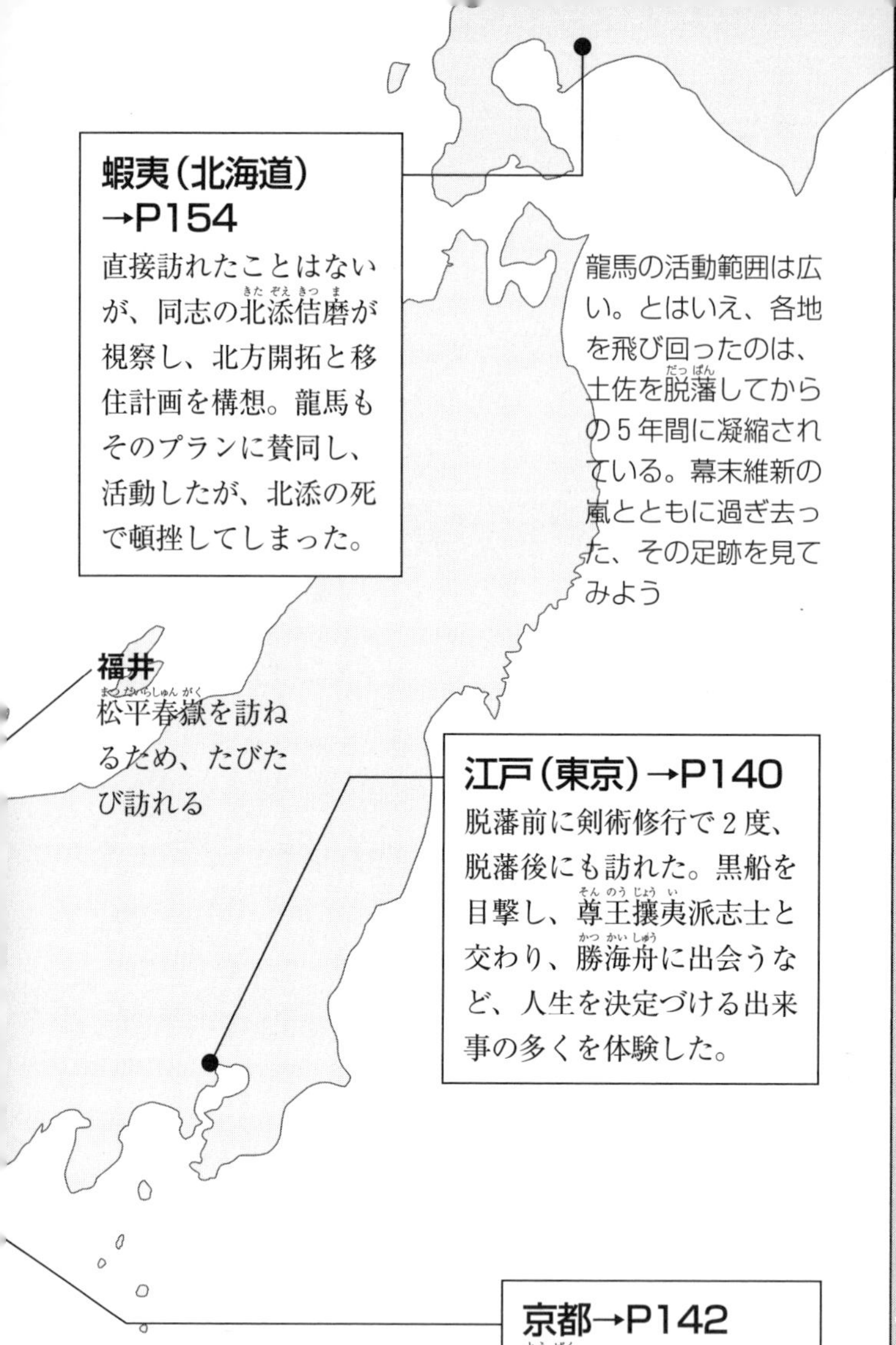

蝦夷（北海道）→P154

直接訪れたことはないが、同志の北添佶磨《きたぞえきつま》が視察し、北方開拓と移住計画を構想。龍馬もそのプランに賛同し、活動したが、北添の死で頓挫してしまった。

福井

松平春嶽《まつだいらしゅんがく》を訪ねるため、たびたび訪れる

江戸（東京）→P140

脱藩前に剣術修行で２度、脱藩後にも訪れた。黒船を目撃し、尊王攘夷《そんのうじょうい》派志士と交わり、勝海舟《かつかいしゅう》に出会うなど、人生を決定づける出来事の多くを体験した。

京都→P142

倒幕《とうばく》運動が盛んになると、龍馬も京都を活動の拠点とする。晩年の30歳頃から、京都で過ごすことが多くなり、薩長同盟《さっちょうどうめい》や大政奉還《たいせいほうかん》など重要事件に関わる。

土佐（高知）→P148

1835年に誕生してから、青少年期を過ごした生まれ故郷。28歳のときに脱藩してからは、1867年に一度帰っただけ。実に５年ぶり、死の２ヵ月前のことだった。

ワイルウェフ号遭難の地碑

ワイルウェフ号が沈没し、龍馬は追悼のため碑を立てた

長崎→P150

薩摩《さつま》に匿われたあと、貿易事業を開始するため「亀山社中」を設立。薩摩藩の資金援助も受けて事務所を構えたのが、当時の貿易の中心地である長崎だった。

下関（山口）→P146

活動の拠点である京都と、亀山社中《かめやましゃちゅう》のある長崎を結ぶ中間地点のため、頻繁に出入りする。長州《ちょうしゅう》領内であり薩長和解時には桂小五郎《かつらこごろう》らとの会談場所となった。

神戸→P144

30歳の頃、勝海舟の「海軍塾」の塾頭となり、海軍設立のために修行に励んだ。当時は小さな漁村だったが、海舟が注目した通り、港町として発展していく。

萩→P146

土佐勤王党《とさきんのうとう》時代に、武市の使いとして、久坂玄《くさかげん》瑞《ずい》を訪ねた

立川番所

1858年に、水戸藩の住《すみ》谷寅之介《やとらのすけ》に呼び出された場所

太宰府

薩長和解に奔走した際に、尊王攘夷派公卿説得のために訪れた

肥後（熊本）

横井小楠《よこいしょうなん》を訪ねて、助言を受ける

薩摩（鹿児島）→P152

31歳の頃に海軍塾が閉鎖となり、薩摩藩に保護される。その際、西郷隆盛《さいごうたかもり》の案内で薩摩へ赴く。寺田屋《てらだや》の襲撃で負傷したあとにも、お龍《りょう》と湯治に訪れた。

江戸

青春時代を謳歌。剣術修行と学問に励む

《己を磨くために、多くの若者が集う》

江戸

[若者を刺激する大都市]

人材や情報が集中する。剣術道場には実力者が集い、学問所では最先端の知識を学ぶことができた。各藩の若者たちは立身出世を夢見て、競うように江戸へ遊学に出た。

影響

龍馬のターニングポイントも江戸だった

①剣術道場での交流

２度の江戸遊学を経て、時勢に目覚めた龍馬。黒船来航で沸き立つ尊《そん》王《のう》攘《じょう》夷《い》思想に触れ、進むべき道を見出した。

②勝海舟との出会い

脱藩したあとに訪れた江戸で、生涯の師との運命的な出会いを果たす。勝海舟の思想が龍馬の人生を決定づけた。

時代は江戸を中心に動いた

地方出身者が都会へ出て勉強したり、見聞を広めたりしたのは、今も昔も変わらない。

現在の東京にあたる江戸の町は、当時、人口一〇〇万人の大都市。江戸城には将軍がいて、その周りには幕臣の屋敷や、各藩の大名屋敷（藩邸）が建ち並び、政治の中心地として、多くの人が集まっていた。

数多くあった剣術道場や塾は、サロンとしての役割も果たし、藩

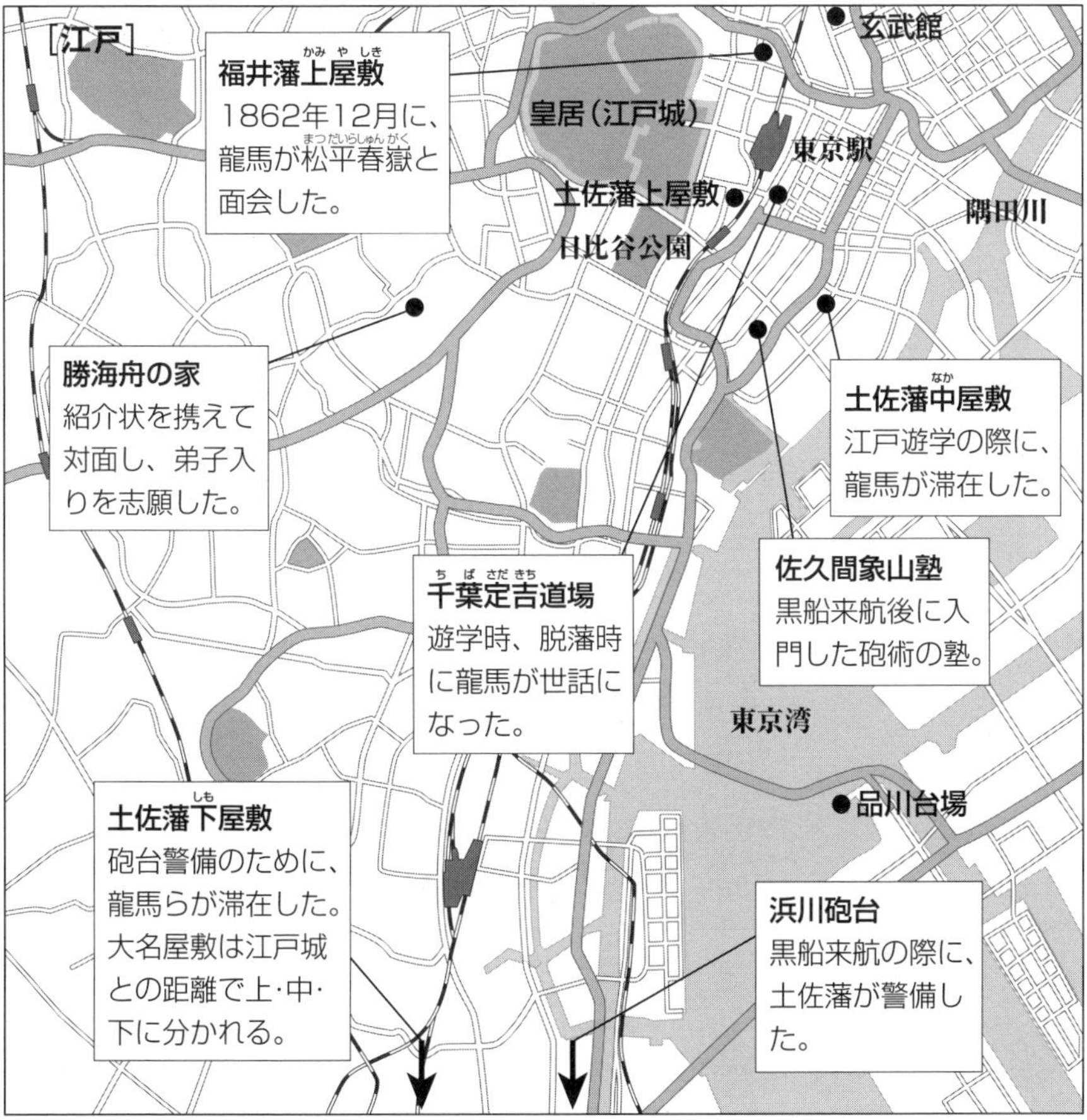

[江戸]
福井藩上屋敷《かみやしき》
1862年12月に、龍馬が松平春嶽《まつだいらしゅんがく》と面会した。
皇居（江戸城）
玄武館
東京駅
土佐藩上屋敷
日比谷公園
隅田川
勝海舟の家
紹介状を携えて対面し、弟子入りを志願した。
土佐藩中《なか》屋敷
江戸遊学の際に、龍馬が滞在した。
佐久間象山塾
黒船来航後に入門した砲術の塾。
千葉定吉《ちばさだきち》道場
遊学時、脱藩時に龍馬が世話になった。
東京湾
品川台場
土佐藩下《しも》屋敷
砲台警備のために、龍馬らが滞在した。大名屋敷は江戸城との距離で上·中·下に分かれる。
浜川砲台
黒船来航の際に、土佐藩が警備した。

※地図は現在のものを使用しています。

の枠を超えて、多くの人脈や情報を得られる場として栄えていた。

脱藩《だっぱん》は重罪だったが、藩の許しを得て剣術や学問を修行することは強く推奨されていた。

大都市江戸で己を高めた

龍馬は一九歳のときに初めて土佐を出て、江戸へ剣術修行にやってきた。ここでさらに剣術を磨き、佐久間象山《さくましょうざん》の塾で儒学や西洋知識の習得にも励んだ。

黒船が来航したときは、浦賀に停泊中の黒船を目撃するなど貴重な体験もしている。三年後にも修行に来て、武市半平太《たけちはんぺいた》らと親交を深めた。脱藩後には三度目の江戸入りを果たし、人生観を決定づける勝海舟《かつかいしゅう》との出会いもあった。

京都

日本のために命を燃やし尽くした最期の地

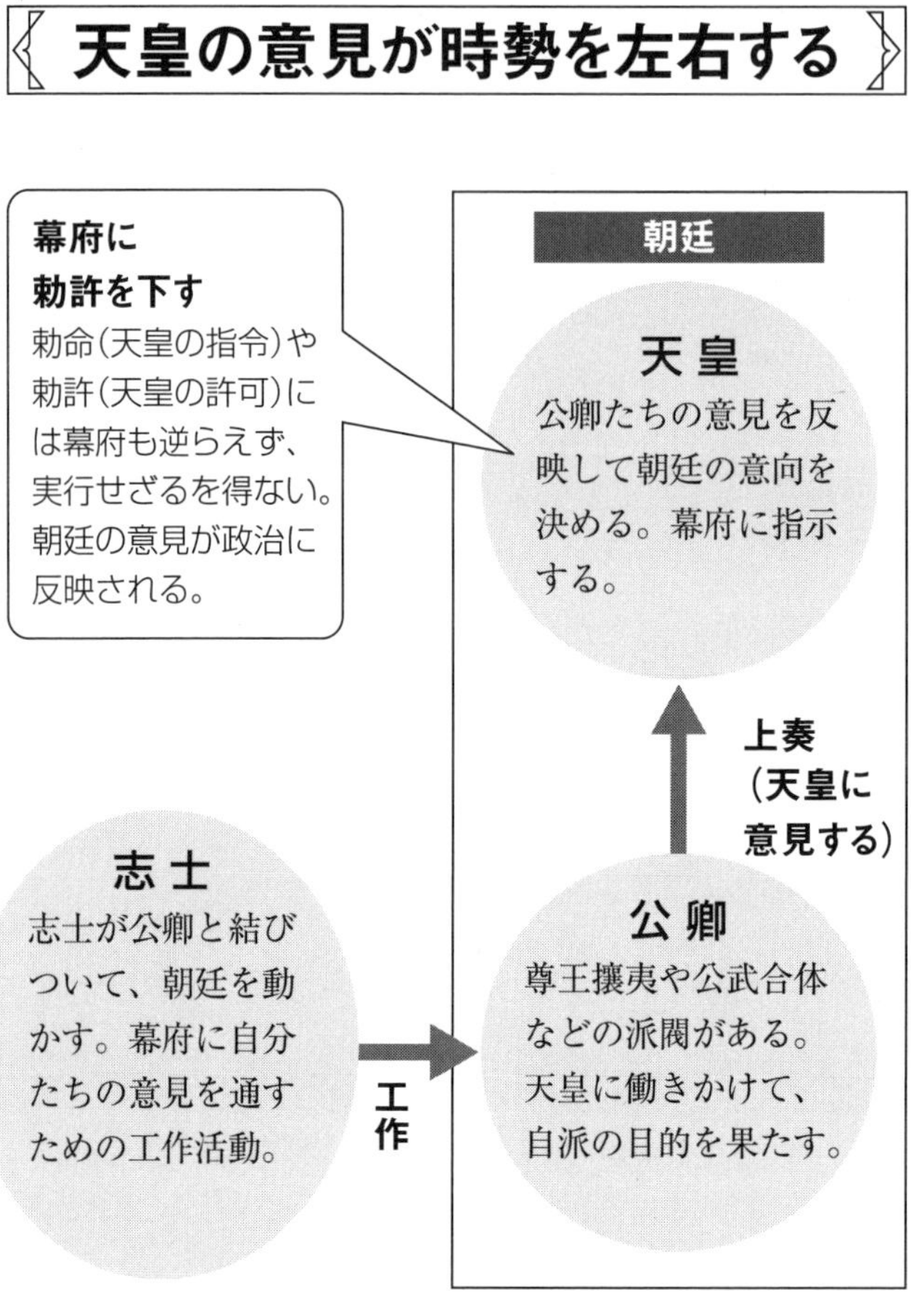

天皇の意見が時勢を左右する
幕府に
勅許を下す
勅命（天皇の指令）や勅許（天皇の許可）には幕府も逆らえず、実行せざるを得ない。朝廷の意見が政治に反映される。
朝廷
天皇
公卿たちの意見を反映して朝廷の意向を決める。幕府に指示する。
上奏
（天皇に意見する）
志士
志士が公卿と結びついて、朝廷を動かす。幕府に自分たちの意見を通すための工作活動。
工作
公卿
尊王攘夷や公武合体などの派閥がある。天皇に働きかけて、自派の目的を果たす。

江戸と並ぶ「日本の顔」

天皇が住み、朝廷のある場所として栄えた京都。当時は、あくまでも政治の中心地は江戸だったが、日本の正式な首都は、明治を迎えるまで京都であった。

しかし幕末は、京都が「都」の機能を取り戻したときでもある。黒船来航後、幕府の全国への支配力は弱まり、尊王攘夷《そんのうじょうい》運動が盛んになると、天皇＝朝廷が人々の心の拠り所になったからだ。「尊王攘夷」を形にする、つまり天皇を

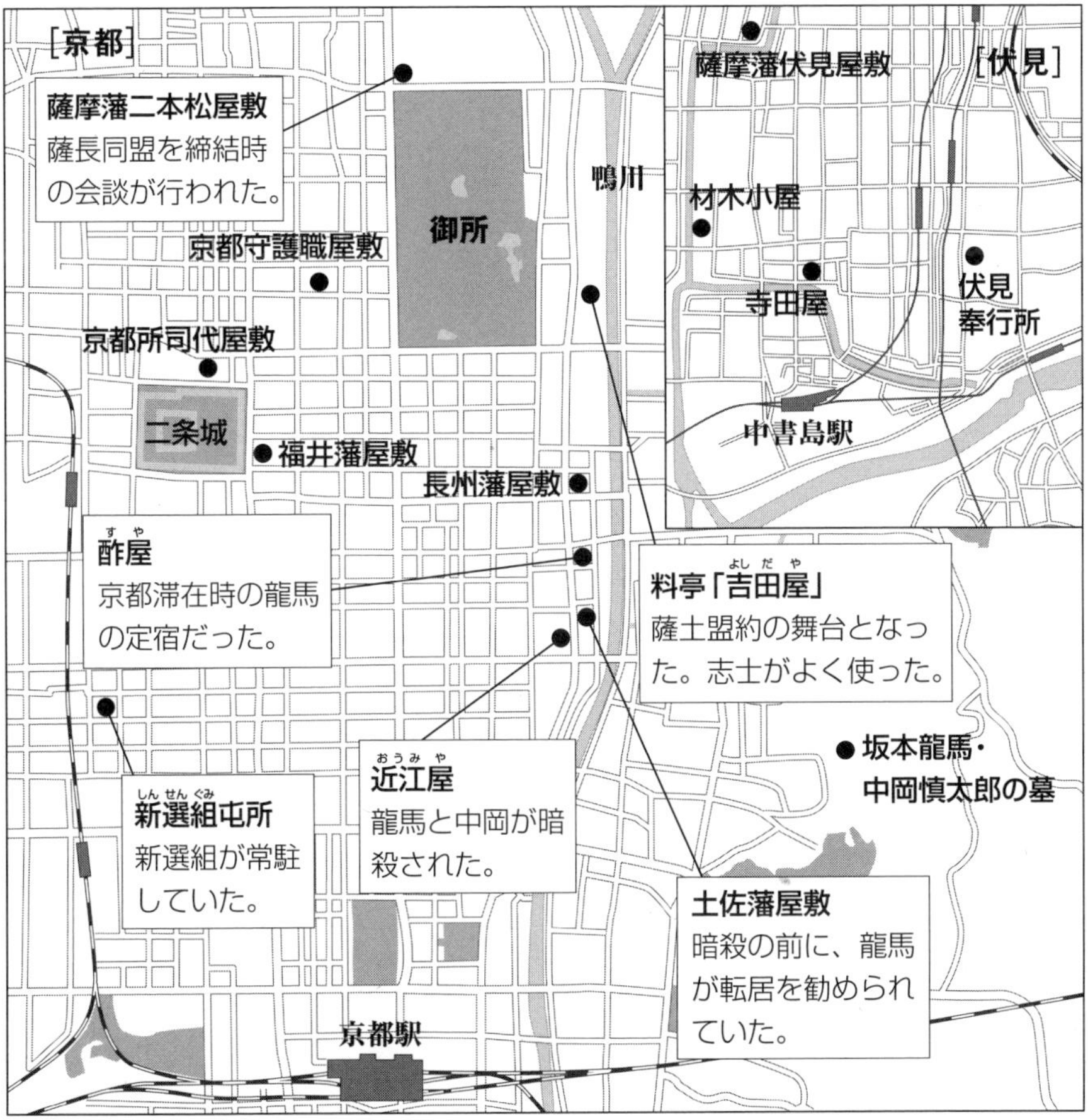
[京都]
薩摩藩二本松屋敷
薩長同盟を締結時の会談が行われた。
京都守護職屋敷
御所
鴨川
京都所司代屋敷
二条城
福井藩屋敷
長州藩屋敷
酢屋《すや》
京都滞在時の龍馬の定宿だった。
料亭「吉田屋《よしだや》」
薩土盟約の舞台となった。志士がよく使った。
坂本龍馬・中岡慎太郎の墓
近江屋《おうみや》
龍馬と中岡が暗殺された。
新選組《しんせんぐみ》屯所
新選組が常駐していた。
土佐藩屋敷
暗殺の前に、龍馬が転居を勧められていた。
京都駅
薩摩藩伏見屋敷
[伏見]
材木小屋
寺田屋
伏見奉行所
中書島駅

※地図は現在のものを使用しています。

崇拝するためには、京都で活動することが第一だったのだ。

また、幕府も朝廷との結びつきを強くして権威回復をはかった（公武合体論《こうぶがったいろん》）ため、次第に京都が政治の表舞台となっていった。

数々の重要事件の舞台に

龍馬もまた、勝海舟《かつかいしゅう》の海軍塾に入門して以降は、京都から西を活動の拠点にしていた。薩摩《さつま》藩や長《ちょう》州《しゅう》藩の志士も同様で、「薩長同盟《さっちょうどうめい》」や「大政奉還《たいせいほうかん》」などの重要な歴史的事件もここで起きている。

あらゆる思想の志士たちがたくさん活動しているために、危険も多かった。事実、龍馬が刺客に襲われ、非業の最期を遂げたのも、京都であった。

神戸

同志たちと海の向こうに思いをはせる

《大坂湾防備のため、海軍操練所を設立》

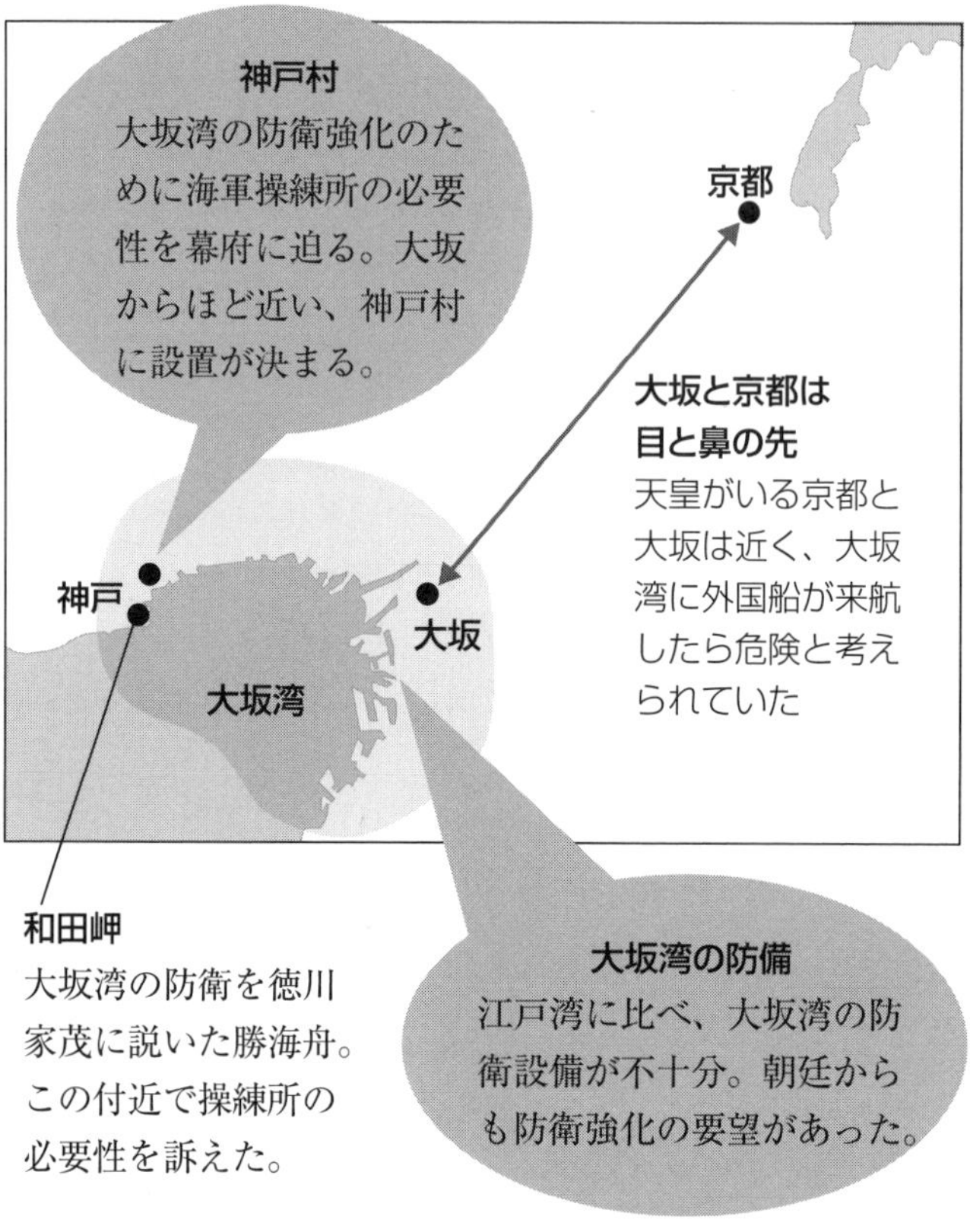
神戸村
大坂湾の防衛強化のために海軍操練所の必要性を幕府に迫る。大坂からほど近い、神戸村に設置が決まる。
京都
大坂と京都は目と鼻の先
天皇がいる京都と大坂は近く、大坂湾に外国船が来航したら危険と考えられていた
神戸
大坂
大坂湾
和田岬
大坂湾の防衛を徳川家茂に説いた勝海舟。この付近で操練所の必要性を訴えた。
大坂湾の防備
江戸湾に比べ、大坂湾の防衛設備が不十分。朝廷からも防衛強化の要望があった。

小さな漁村に海舟が着目

兵庫県神戸市といえば、現在は日本屈指の港町として有名だが、当時は小さな漁村にすぎなかった。その漁村がメジャーになるきっかけをつくったのが勝海舟《かつかいしゅう》だ。

一八六三年、海舟は外国に対抗するための教育施設として「海軍《かいぐん》操練所《そうれんじょ》」の設立を、将軍の家茂《いえもち》に提案。家茂はこれを許可し、翌年さっそく開設されることとなる。

このとき、江戸にいた龍馬も神戸へ入り、開設された勝の私塾（海

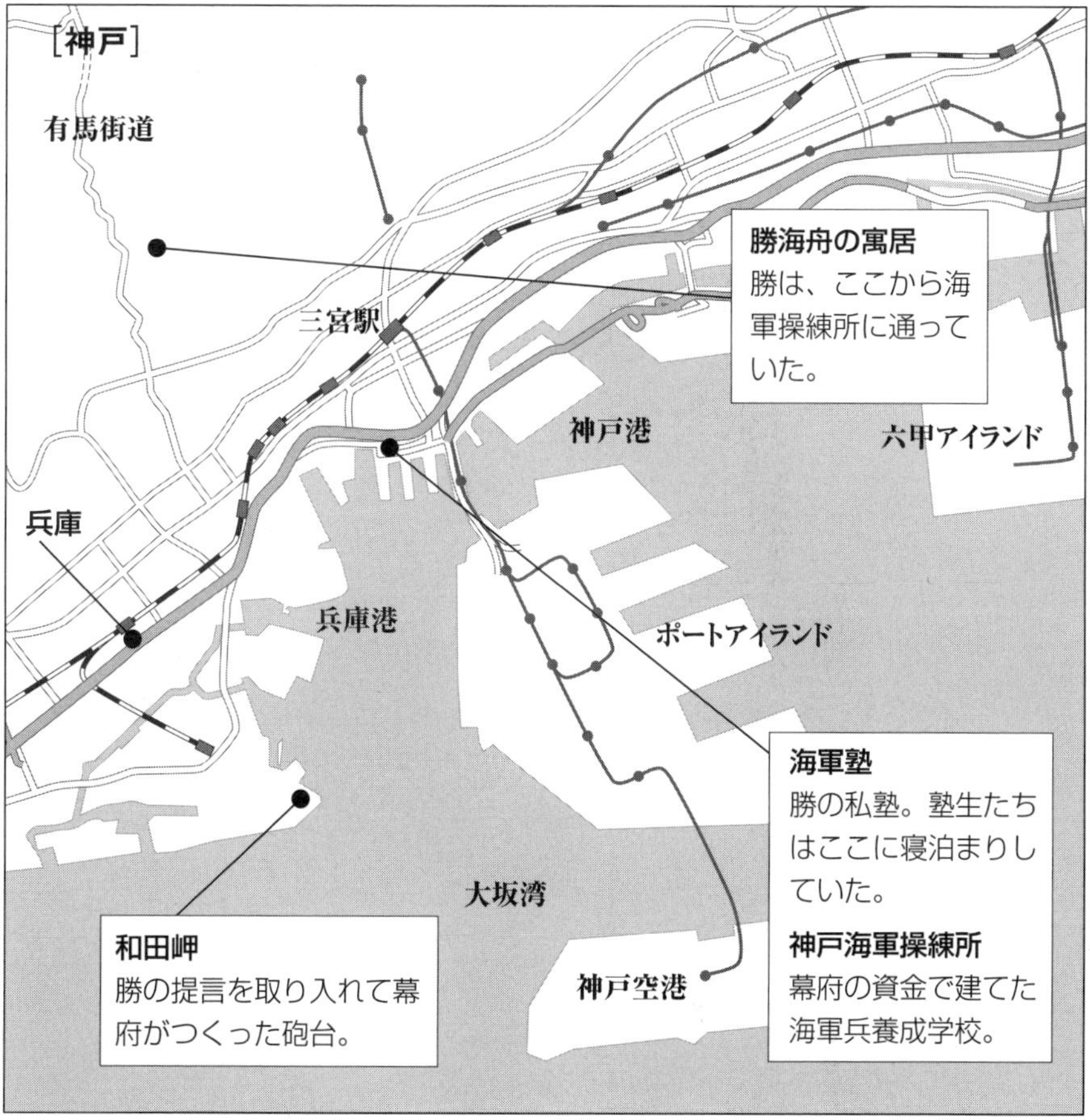
[神戸]
有馬街道
勝海舟の寓居
勝は、ここから海軍操練所に通っていた。
三宮駅
神戸港
六甲アイランド
兵庫
兵庫港
ポートアイランド
海軍塾
勝の私塾。塾生たちはここに寝泊まりしていた。
神戸海軍操練所
幕府の資金で建てた海軍兵養成学校。
大坂湾
和田岬
勝の提言を取り入れて幕府がつくった砲台。
神戸空港
※地図は現在のものを使用しています。

軍塾）に入門。海軍創設のため、同志たちとともに航海術を学ぶなど、勉学に励んだ。

龍馬の死後、世界有数の港に

龍馬の死の翌年、神戸は開港され、西洋文化の中心地として大発展を遂げることとなる。

海舟は、神戸の将来性を見込んで「今のうちに土地を買っておけ」と公言、それに従った者は大きな利益をあげたという。

ちなみに、神戸の近くには大都市の大坂があったが、龍馬はそこでは目立った活動をしていない。大坂は幕府の直轄地であり、近畿における仕事場は京都だった。そのため、龍馬にとっての大坂は、通過点でしかなかった。

下関・萩

龍馬がたびたび訪れた、長州藩の貿易の要

公私ともに思い出の深い土地

1865年5月
桂小五郎に薩長同盟を説く
長州藩説得のために訪れ、桂小五郎と面会。

戦争を伝える龍馬の手紙
第二次長州征伐について龍馬は、その戦況をつづった手紙を故郷の乙女《とめ》宛に送っている。

1866年6月
第二次長州征伐の戦争に参加する
戦争直前に訪れ、高杉《たかすぎ》晋作《しんさく》らと再会。龍馬も船で参戦した。

1867年9月20日
お龍との最後の生活
龍馬暗殺の2ヵ月前に、夫婦水入らずの時間を過ごした。

わずか2日間の安らぎのとき
大政奉還《たいせいほうかん》を目前に控え、土佐藩に銃を運ぶ途中で立ち寄る。22日までのわずか2日間だった。

倒幕運動の重要拠点だった

長州藩《ちょうしゅう》は、長門と周防二ヵ国を有する中国地方の雄藩《ゆうはん》。藩主の毛利家はもともと広大な土地を有していたが、関ヶ原の戦いで西軍に味方したため、一二〇万石から三七万石に減封された経緯がある。その苦い恨みが江戸時代を通じて続き、長州藩士の倒幕《とうばく》のエネルギー源となるのである。

幕末期には、藩主の毛利敬親《たかちか》が、それまでの居館を北部の萩から、中央部の山口に移し、以降は山口

[下関]
高杉晋作終焉の地
下関駅
白石正一郎《しらいししょういちろう》邸
薩長和解のために
桂を説得した。
伊藤助太夫邸
下関滞在時にお
龍と一緒に暮ら
した。
下関港
巌流島
龍馬とお龍が、一
緒に花火をしたと
いわれる。
関門海峡

日本海
東萩駅
[萩]
有備館《ゆうびかん》
初めて訪れた萩で、
少年剣士と試合をし
たという逸話が残る。
阿武川
高杉晋作誕生地
明倫館《めいりんかん》
松下村塾《しょうかそんじゅく》
高杉晋作や久坂玄瑞が
学んだ吉田松陰《よしだしょういん》の私塾。

※地図は現在のものを使用しています。

が政治の中心地となったが、萩も重要な拠点であり続けた。

土佐勤王党《とさきんのうとう》時代の龍馬が初めて長州を訪れたのも、萩。久坂玄瑞《くさかげんずい》に会った龍馬は、その熱い志に触れ、脱藩《だっぱん》を決意したとされる。

妻と過ごした

九州との出入口である下関も、長州にとって重要な役割を果たした。この海峡で、長州は外国艦隊を砲撃し、攘夷《じょうい》を決行するが、手痛い反撃を受け、単純な攘夷思想を脱却する契機になった。

また、龍馬が最初の薩長《さっちょう》会談の場所として桂小五郎《かつらこごろう》と落ち合ったのも下関で、晩年には妻・お龍《りょう》の身柄を下関の豪商・伊藤助太夫《いとうすけだゆう》に頼み、預かってもらっていた。

土佐

生まれ故郷が龍馬の反骨精神を養った

《関ヶ原以来の恩義が土佐藩を束縛》

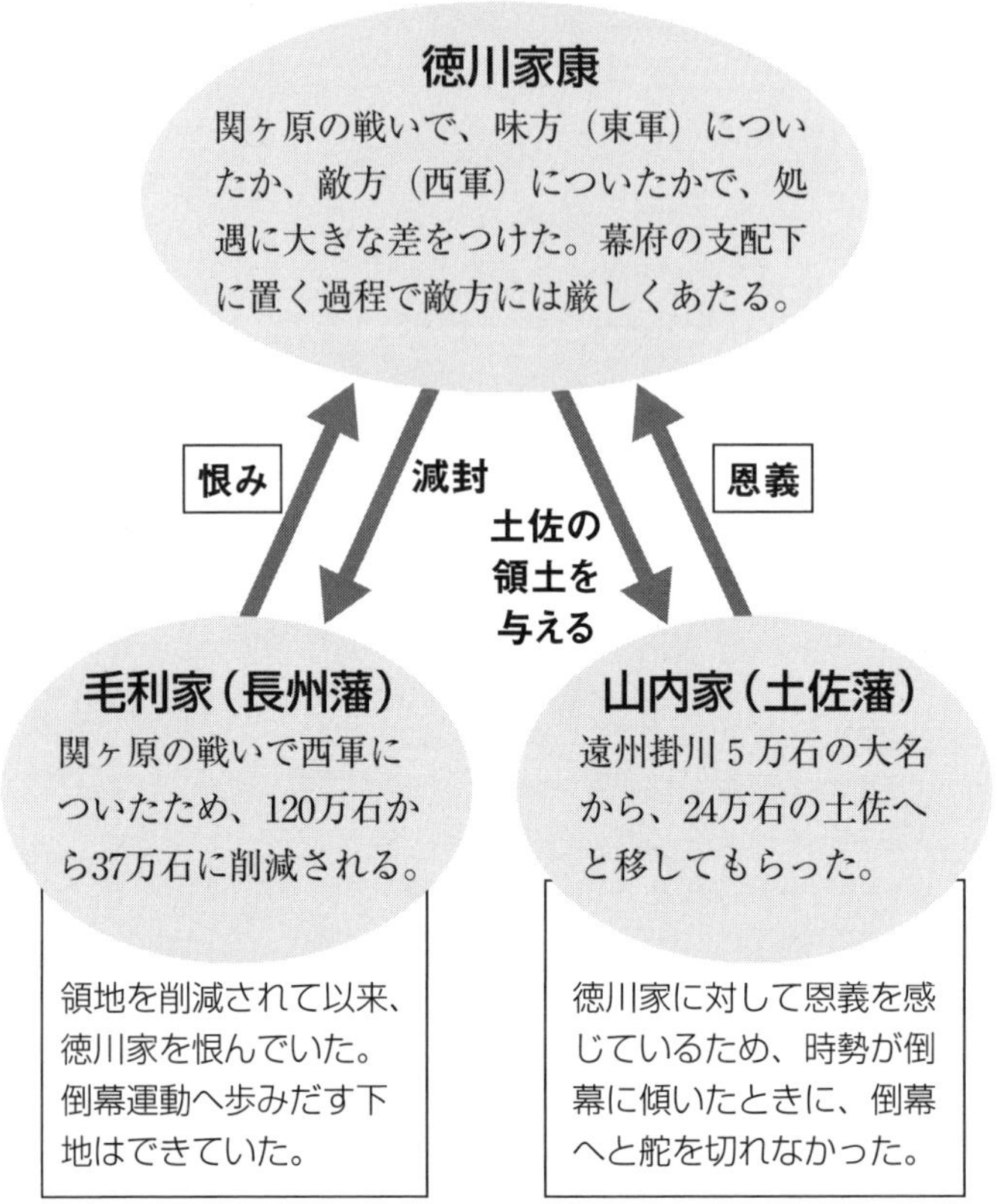
徳川家康
関ヶ原の戦いで、味方（東軍）についたか、敵方（西軍）についたかで、処遇に大きな差をつけた。幕府の支配下に置く過程で敵方には厳しくあたる。
恨み
減封
土佐の領土を与える
恩義
毛利家（長州藩）
関ヶ原の戦いで西軍についたため、120万石から37万石に削減される。
山内家（土佐藩）
遠州掛川５万石の大名から、24万石の土佐へと移してもらった。
領地を削減されて以来、徳川家を恨んでいた。倒幕運動へ歩みだす下地はできていた。
徳川家に対して恩義を感じているため、時勢が倒幕に傾いたときに、倒幕へと舵を切れなかった。

厳しい身分制度が足かせに

龍馬の故郷、土佐。京の都や江戸から遠く離れ、海に囲まれているため、中央からは「僻地《へきち》」と見られた。こうした地理的な不利が、逆境に向かう土佐人独特の気骨や精神力を育てたといわれる。

土佐藩では身分制度が厳しかった（→P14）。藩の上層部は上士《じょうし》でしめられ、下士《かし》は藩主に会うこともできないし、上士に意見することも許されない空気があった。こんな制限があっては、世直し

[土佐]
吉田東洋《よしだとうよう》暗殺の地
龍馬の脱藩直後に、勤王党員によって東洋が暗殺された。
武市半平太《たけちはんぺいた》道場
龍馬や中岡慎太郎《なかおかしんたろう》、岡田以蔵《おかだいぞう》らも通った。
高知駅
坂本龍馬の生家
龍馬が生まれ育った。
望月亀弥太邸
高知城
池内蔵太邸
長岡謙吉邸
板垣退助誕生地
才谷屋
近藤長次郎邸
後藤象二郎誕生地
鏡川
河田小龍邸
龍馬が河田小龍《かわだしょうりょう》に教えを受けた。
日根野《ひねの》道場
14歳から通った小栗《おぐり》流《りゅう》の剣術道場。
鏡川
龍馬が幼少期に水練に励んだといわれる。

※地図は現在のものを使用しています。

など到底できない。耐えきれなくなった龍馬は、ついに脱藩《だっぱん》する。脱藩罪は武家社会では重罪とされていた。龍馬は脱藩後、死ぬ直前に立ち寄るまで土佐に戻ることはなかった。

海援隊で里帰り

脱藩していても故郷は故郷。龍馬は常々国許《くにもと》にいる家族を心配し、とくに姉の乙女《とめ》とは、たくさんの手紙をやりとりし、近況を尋ねたり報告したりしている。

亀山社中《かめやましゃちゅう》の経営が傾いたとき、龍馬に手を差し伸べてくれたのは土佐藩だった。龍馬は海援隊《かいえんたい》を結成し、凱旋する。故郷とは切っても切れない運命を龍馬は感じたかもしれない。

長崎

亀山社中を結成した記念すべき場所

《鎖国下の日本で、最も世界に開かれていた》

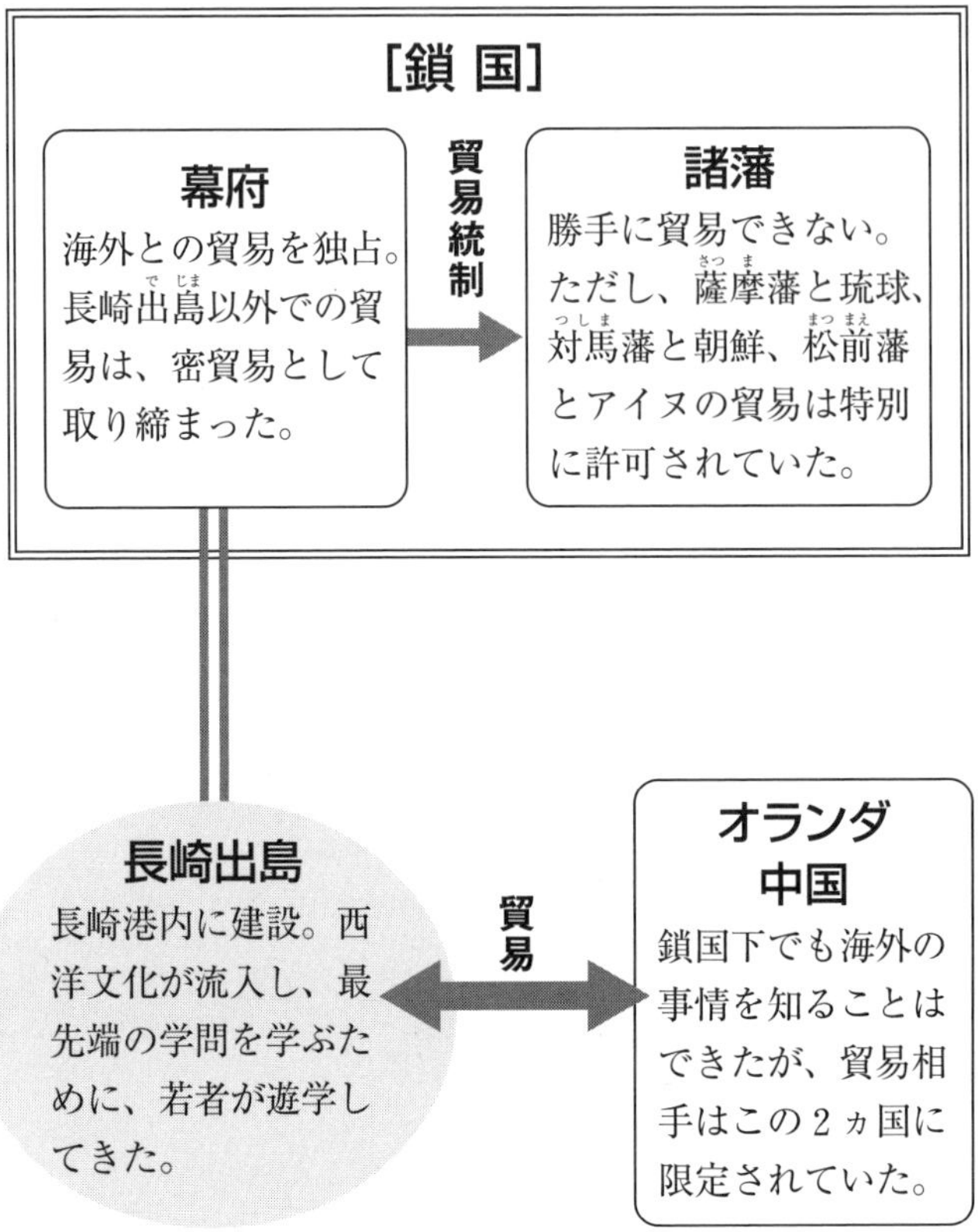
[鎖 国]
幕府
海外との貿易を独占。長崎出島《でじま》以外での貿易は、密貿易として取り締まった。
貿易統制
諸藩
勝手に貿易できない。ただし、薩摩《さつま》藩と琉球、対馬《つしま》藩と朝鮮、松前《まつまえ》藩とアイヌの貿易は特別に許可されていた。
長崎出島
長崎港内に建設。西洋文化が流入し、最先端の学問を学ぶために、若者が遊学してきた。
貿易
オランダ
中国
鎖国下でも海外の事情を知ることはできたが、貿易相手はこの2ヵ国に限定されていた。

自由な気風が根付く土地柄

江戸時代の日本は「鎖国」というイメージが強いが、完全に国を閉ざしていたわけではない。

長崎だけは貿易港と認められ、幕府の管理下でオランダ、中国に限り、交易が行われていた。長崎には外国人の姿もあって、唯一「外国」を感じられる場所だった。

幕府が長崎に設置した「海軍伝習《かいぐんでんしゅう》所《じょ》」では、勝海舟《かつかいしゅう》も学んでいた。

長崎は主に幕府の直轄地だったが、佐賀藩、島原藩、平戸藩など

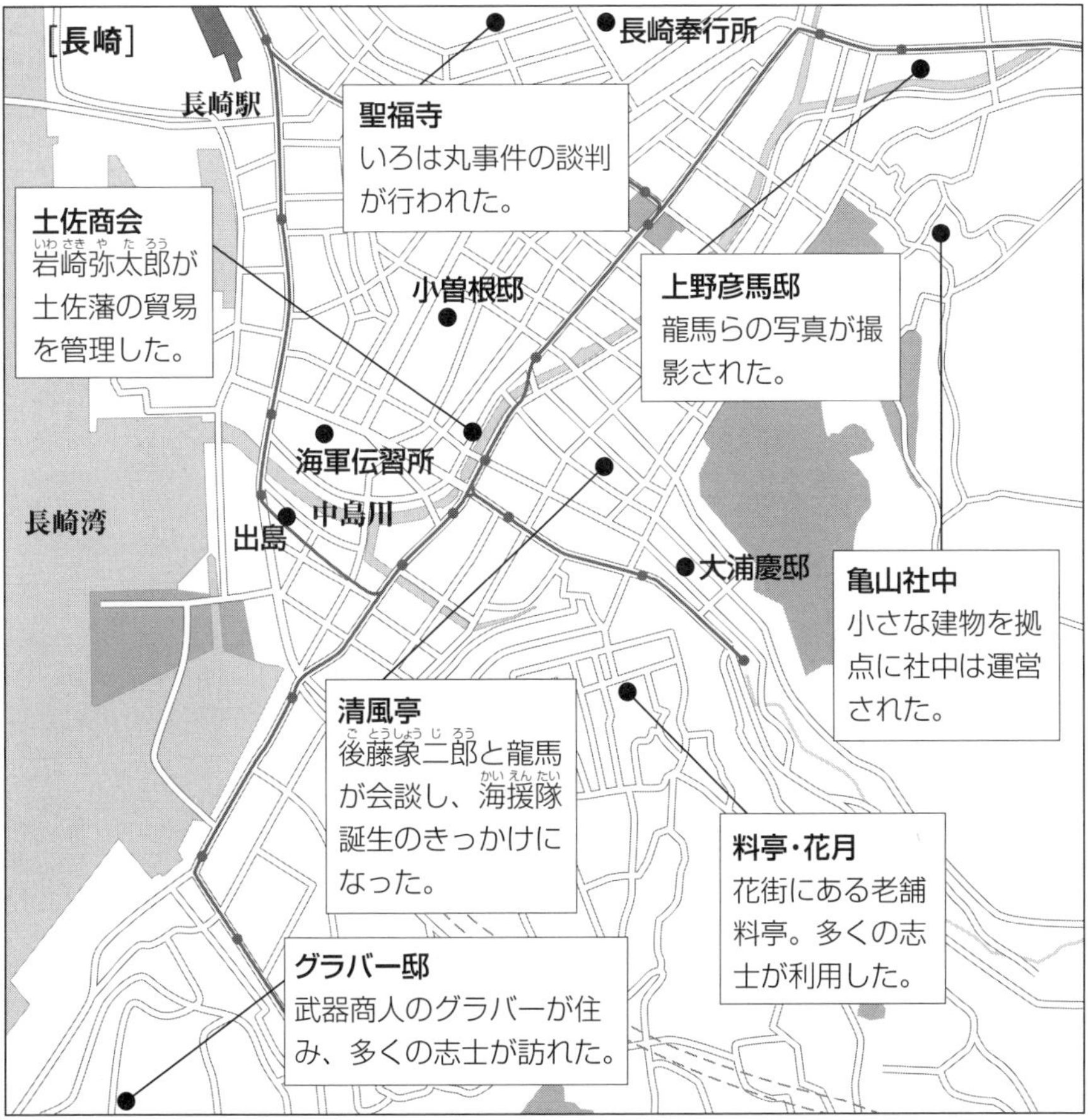

[長崎]
長崎駅
長崎奉行所
聖福寺
いろは丸事件の談判が行われた。
土佐商会
岩崎弥太郎《いわさきやたろう》が土佐藩の貿易を管理した。
小曽根邸
上野彦馬邸
龍馬らの写真が撮影された。
海軍伝習所
長崎湾
中島川
出島
大浦慶邸
亀山社中
小さな建物を拠点に社中は運営された。
清風亭
後藤象二郎《ごとうしょうじろう》と龍馬が会談し、海援隊《かいえんたい》誕生のきっかけになった。
料亭・花月
花街にある老舗料亭。多くの志士が利用した。
グラバー邸
武器商人のグラバーが住み、多くの志士が訪れた。

※地図は現在のものを使用しています。

の領地が混ざり、境界を接していたことから、ある意味雑多で自由な雰囲気をもっていた。

〝龍馬社長〟の出発点

のちに龍馬は「亀山社中《かめやましゃちゅう》」を設立するにあたり、その場所に迷わず長崎を選んだ。当時の日本は、まだ開国したばかりで、ほかの港は未開だったという状況を考えると、貿易を行うには、長崎以外の選択肢はなかったともいえる。

九州という場所柄、長崎の商人たちは薩摩《さつま》藩との結びつきが強かった。「薩長同盟《さっちょうどうめい》」のために、薩摩藩の名義を借りて、長州《ちょうしゅう》藩へ武器を供給することができたのも、長崎という土地柄のおかげといえるだろう。

公私ともに龍馬を支えた第二の故郷

龍馬の薩摩入りは、例外的だった

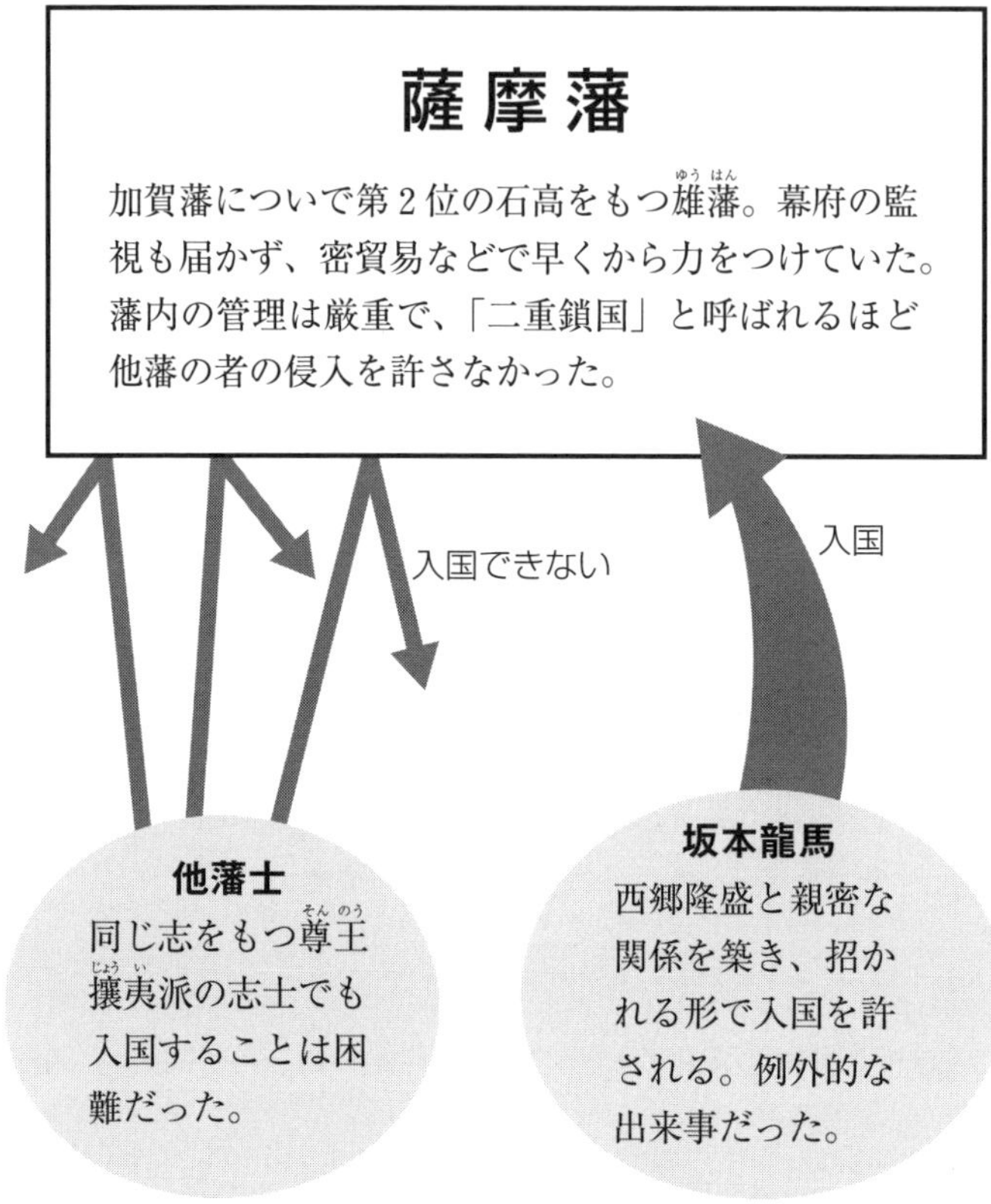
薩摩藩
加賀藩についで第２位の石高をもつ雄藩《ゆうはん》。幕府の監視も届かず、密貿易などで早くから力をつけていた。藩内の管理は厳重で、「二重鎖国」と呼ばれるほど他藩の者の侵入を許さなかった。
入国できない
入国
他藩士
同じ志をもつ尊王《そんのう》攘夷《じょうい》派の志士でも入国することは困難だった。
坂本龍馬
西郷隆盛と親密な関係を築き、招かれる形で入国を許される。例外的な出来事だった。

トップが改革に意欲的だった

薩摩《さつま》藩は、現在の鹿児島県全域と、宮崎県の南西部を領有していた。代々、大名の島津《しまづ》氏が統治した。関ヶ原の戦いのときには徳川家の敵方について敗れたが、領地はそのまま安堵されたという経緯がある。徳川家から領地をもらった土佐藩などとは事情が異なり、元来、徳川家に対する忠誠心は薄かった。

幕末には島津《しまづ》斉彬《なりあきら》と、弟の久光《ひさみつ》が藩政改革に取り組み、海外文化

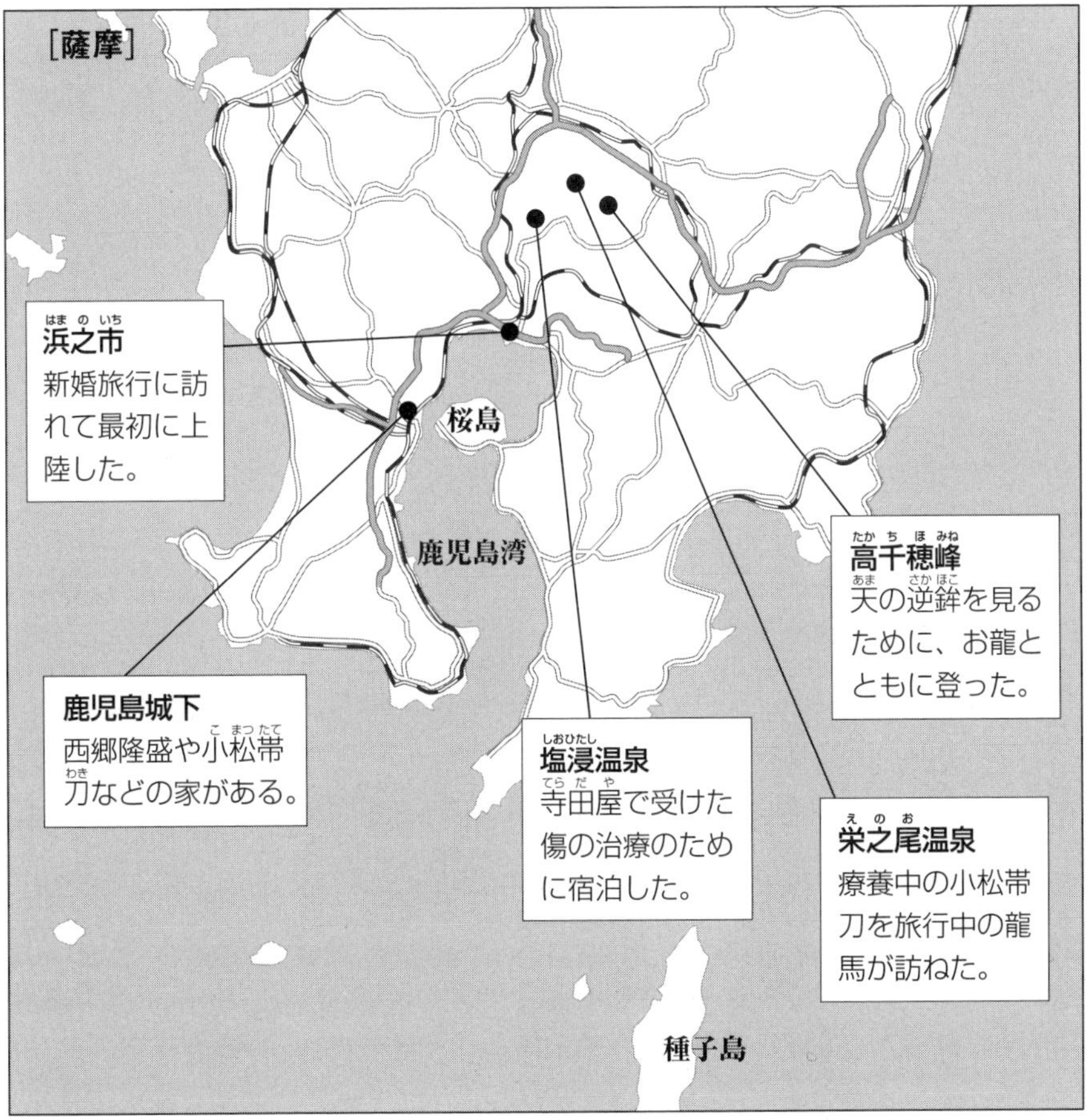

[薩摩]
浜之市《はまのいち》
新婚旅行に訪れて最初に上陸した。
桜島
鹿児島湾
高千穂峰《たかちほみね》
天《あま》の逆鉾《さかほこ》を見るために、お龍とともに登った。
鹿児島城下
西郷隆盛や小松帯《こまつたて》刀《わき》などの家がある。
塩浸温泉《しおひたし》
寺田屋《てらだや》で受けた傷の治療のために宿泊した。
栄之尾温泉《えのお》
療養中の小松帯刀を旅行中の龍馬が訪ねた。
種子島

※地図は現在のものを使用しています。

を吸収して富国強兵を目指す。その強大な軍事力によって、反幕府勢力の期待に応え、ついには倒幕《とうばく》の一翼を担った。

妻・お龍との温泉地めぐり

海軍操練所《かいぐんそうれんじょ》閉鎖後、路頭に迷っていた龍馬らを匿ってくれたのが薩摩藩だった。薩摩は、龍馬たちの航海術や知識を高く買い、「亀《かめ》山社中《やましゃちゅう》」設立のために資金援助までしてくれたのである。

また、龍馬は匿ってもらったときに鹿児島に招かれ、私生活でも薩摩藩士と交流している。西郷隆《さいごうたか》盛《もり》の勧めで、妻・お龍《りょう》と鹿児島周辺の温泉地を旅し、日本最初といわれる「ハネムーン」を満喫するなど、安らぎの一時を過ごした。

龍馬が夢を追いかけた「北の大地」

死の直前まであきらめなかった

直接龍馬が訪れたわけではないが、蝦《え》夷地《ぞち》（現在の北海道）と龍馬とは深い関わりがあった。龍馬は、一八六四年から一八六七年の約三年の間に、何度か蝦夷を目指している。

もともと、同志の北添佶磨《きたぞえきつま》との話から蝦夷地開拓事業を思いついたのが始まりだった。血気にはやる尊王攘夷《そんのうじょうい》派浪士たちのエネルギーを、蝦夷地開拓に向けさせることで、無駄な血を流させないだけでなく、蝦夷地を開拓して交易の可能性を広げることができると考えていた。

最初の計画は池田屋《いけだや》事件で頓挫し、ワイルウェフ号の遭難で二度目も失敗。その後も、大極丸《たいきょくまる》の購入失敗といろは丸の沈没という悲劇が重なり、龍馬の夢は潰えることになる。

龍馬の跡継ぎが、北海道へ渡る

龍馬の死後、この蝦夷地開拓事業を引き継いだのが甥の高松太郎《たかまつたろう》である。龍馬の姉・千鶴《ちづ》の子である高松は、明治になってから、龍馬の養子となる形で坂本家を継ぎ、坂本直《なお》と改名している。

高松は、のちに明治政府へ蝦夷地開拓の建白書を提出し、その先鞭をつけた。その後、本格的に蝦夷地が開拓されることとなる。高松太郎の弟である高松南海《なみ》男《お》（のちの坂本直寛《なおひろ》）も蝦夷地に入植し、その開拓事業の一端を担った。

【蝦夷地と関わりの深い人物】

榎本武揚《えのもとたけあき》

1836〜1908年。幕臣。長崎の海軍伝習所《かいぐんでんしゅうじょ》で学び、その後オランダへ留学。旧幕府軍を率い、蝦夷地の五《ご》稜郭《りょうかく》で最後まで抗戦。

黒田清隆《くろだきよたか》

1840〜1900年。薩摩藩士。箱館戦争で榎本に降伏を勧める。北海道平定の功績により、新政府の北海道開拓事業に尽力。

土方歳三《ひじかたとしぞう》

1835〜1869年。新選《しんせん》組《ぐみ》副長。戊辰《ぼしん》戦争では、転戦しながら北上し、箱館五稜郭に至る。最後まで戦い、武士として散った。

第四章

幕末の文化から龍馬の姿が見えてくる

外国語を熱心に学び、おしゃれにも気を使う……。龍馬の愛したものや遺品は、彼に当時の武士には珍しいほどの柔軟性があったことを示している。

ユーモアあふれる龍馬の手紙

扨も扨も人間の一世ハがてんの行ぬハ元よりの事、うんのわるいものハふろよりいでんとして、きんたまをつめわりて死ぬるものもあり。夫とくらべてハ私などハ、うんがつよくなにほど死ぬるバへで、もしなれず、じぶんでしのふと思ふても又いきねバならん事ニなり、今にてハ日本第一の人物勝憐太郎殿という人にでしになり、日々兼而思付所をせいといたしおり申候。其故に私年四十歳になるころまでハ、うちにハかへらんよふニいたし申つもりにて、あにさんにもそふだんいたし候所、このごろハおゝきに御きげんよろしくなり、そのおゆるしがいで申候。国のため天下のためちからおつくしおり申候。どふぞおんよろこびねがいあげ、かしこ。

三月廿日　龍

乙様

※『龍馬の手紙』（宮地佐一郎／講談社）を底本に使用。

【現代語訳】

さてもさても人間の一生は、合点のいかないのは当然のことで、運の悪い者は風呂から出ようとして、キンタマを割って死ぬ者もいる。それと比べると私などは運が強く、いくら死ぬような場所へ行っても死なず、自分で死のうと思っても、また生きなければならず、今では、日本第一の人物・勝麟太郎殿という人の弟子になり、日々思いついていたところに精を出しています。なので私は四〇歳になる頃までは、うちには帰らないつもりで、兄さんにも相談したところ、このごろは大変ご機嫌がよろしく、そのお許しが出ました。国のため、天下のために力を尽くしています。どうぞお喜びください。かしこ。

三月二〇日　坂本龍馬

乙女様

脱藩《だっぱん》後1年ほどしてからの手紙。龍馬のユーモアを伝える一通である。乙女《とめ》宛の手紙はとくに自由に書かれ、漢字の苦手な乙女に、カナやひらがなを使うなどの配慮がわかる。

龍馬が喋っていた土佐弁

行かれん＝行くな
動詞の語尾に「れん」をつけて、禁止の表現を表す。

食べておーせ＝食べてください
「〜しておーせ」とは「〜してください」の意で、何かをお願いするときに使う。

おんし＝あなた
「おんし」は「おぬし」と同じで相手を指す言葉。「おまん」「おまんら」とも呼ぶ。

わかっちゅう＝わかっている
語尾の「〜ちゅう」は「〜している」を表す。「何を見ちゅう？」は「何を見ているの？」となる。

なんちゃー＝なんにも
「いつっちゃー」は「いつも」で、「どこっちゃー」は「どこにも」を意味する。

まっこと＝じつに
強調する表現。まっこと恐ろしいなどと使う。「げに」という強調表現もある。

坂本龍馬

龍馬は、いったいどんな喋り方をしていたのか。当時の日本には標準語というものがなく、人はそれぞれの方言で会話をしていた。うまく話が通じないことも、ままあったようだ。

　龍馬も、もちろん土佐弁（高知弁）を使っていた。それは残された多数の手紙からも読み取ることができる。というのは、龍馬の手紙の書き方は大変ユニークで、話し言葉をそのまま文章にしたり、自慢する様子を「エヘンエヘン」と表現したりと、バラエティに富んでいるからだ。

　土佐弁を文字にしたものも多く、日常でも使っていたと考えられる。手紙は約一四〇通も現存し、筆まめだったことがうかがえる。

龍馬はおしゃれだったのか、だらしないだけか？

現代にも通じる!? 龍馬流ファッション

[髪型]

龍馬

月代を剃らずに、後で少し束ねただけ（総髪《そうはつ》）。当時では無造作なヘアースタイル。

一般

月代《さかやき》を剃って、チョンマゲにするのが基本。月代は剃らずに、チョンマゲだけの場合も。

[服装]

龍馬

着るものにもこだわりがあるが、少し汚くして着崩して着るのを好んだ。

一般

志士たちは着るものにあまりこだわらず、こぎれいに着こなしていた。

［所持品］

ピストル

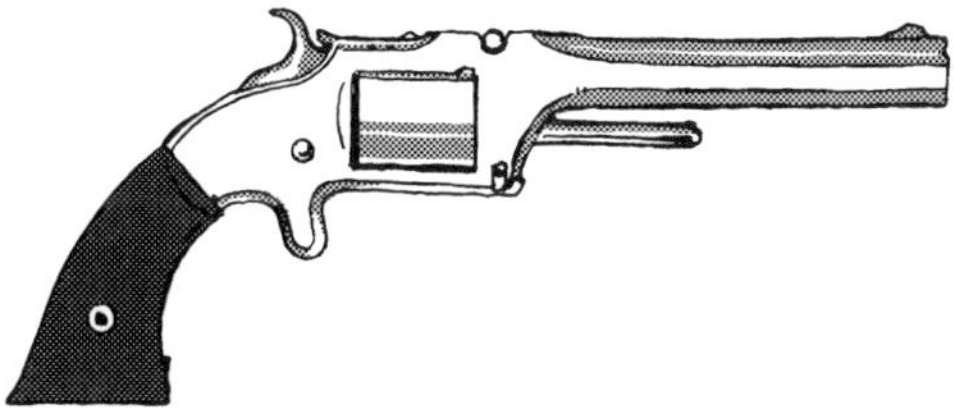

スミス＆ウェッソンという型のピストルをもっていた。近江《おうみ》屋《や》で襲撃された際に所持していた。

三徳

三徳とはちり紙入れのような小物。高価な西《にし》陣《じん》織《おり》のものを愛用するなど、小物にこだわった。

［足元］

龍馬

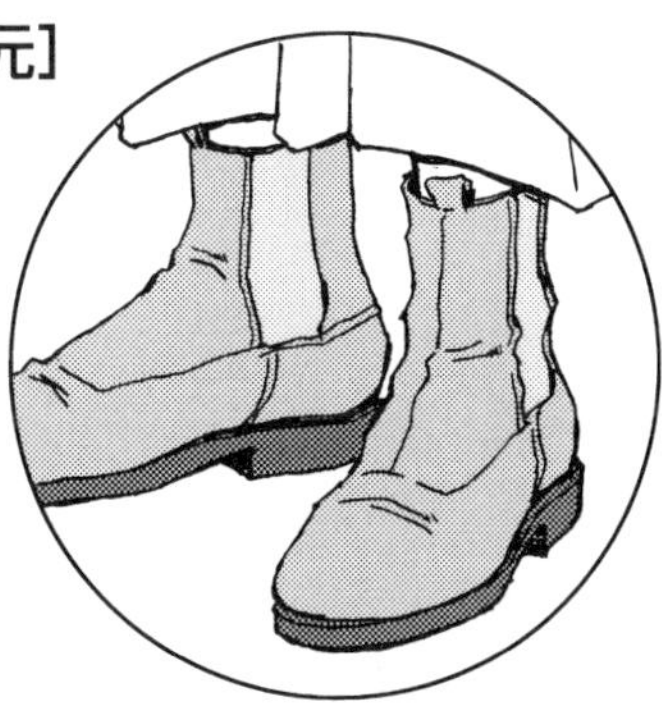

ブーツを履くこともあった。和服にブーツを合わせるのは当時では斬新なスタイル。

一般

裸足か足袋に、わらじや下駄を履くのが一般的なスタイルだった。

「伊《だ》達《て》者」という言葉があるが、龍馬には、「新しもの好き」のほうがふさわしいかもしれない。

彼の写真を見ると、当時としては珍しいブーツを履いているし、遺品のピストルや小物入れ（三《さん》徳《とく》）など、なかなか洒落たものが多い。絹の衣類、黒羽二重の羽織、ときに玉虫色の袴なども穿いたという。中《なか》岡《おか》慎《しん》太《た》郎《ろう》は「何であんなに『めかす』のか、珍しい武士だ」と不思議がっている。「大の洒落者だった」との証言もある。

その一方で、妻のお龍《りょう》は「衣類はあまりきれいにすると機嫌が悪かった」と語り、「坂本さんは、普段汚い風をしていた」と同志の妻も証言している。

龍馬の二面性が垣間見える。

西洋の文化

龍馬の目を外の世界に向けさせた

龍馬の好奇心を刺激する

［語学］

海援隊が出版事業で作成した和英辞書『和《わ》英《えい》通《つう》韻《いん》以《い》呂《ろ》波《は》便《びん》覧《らん》』（佐川町立青山文庫蔵）

◯オランダ語……科学や医学などの最先端の学問は、オランダ語で書かれた教科書を使用。龍馬は砲術を学ぶためにオランダ語を学習した。

◯英語……亀《かめ》山《やま》社《しゃ》中《ちゅう》時代にはイギリス人との交渉の必要上、英語も学んだ。

龍馬の手帳に残る英語学習のあと

亀山社中時代の龍馬の手帳には、英語のスペルに、日本語訳と片仮名で書かれた発音をつけた英単語集が残っている。

少年＝ヨングメン　young men
悪＝ベッド　bad
善＝グード　good
面＝フェース　face
媚薬＝ロフポーション　love potion

龍馬は若い頃に砲術、つまり西洋兵学を勉強している。「新しもの好き」の龍馬は、以降も蘭学から西洋文化を意欲的に学んだ。

ちなみに蘭学とは、開国以前にオランダを通じて日本に伝えられた、西洋知識や技術の総称。

開国後はイギリスやドイツからも次々と文化が輸入されてきた。「勉強嫌い」のイメージが強い龍馬だが、吸収すべきものは貪欲に学んでいる。もしも龍馬に心残りがあるとするならば、海外に行けなかったことかもしれない。

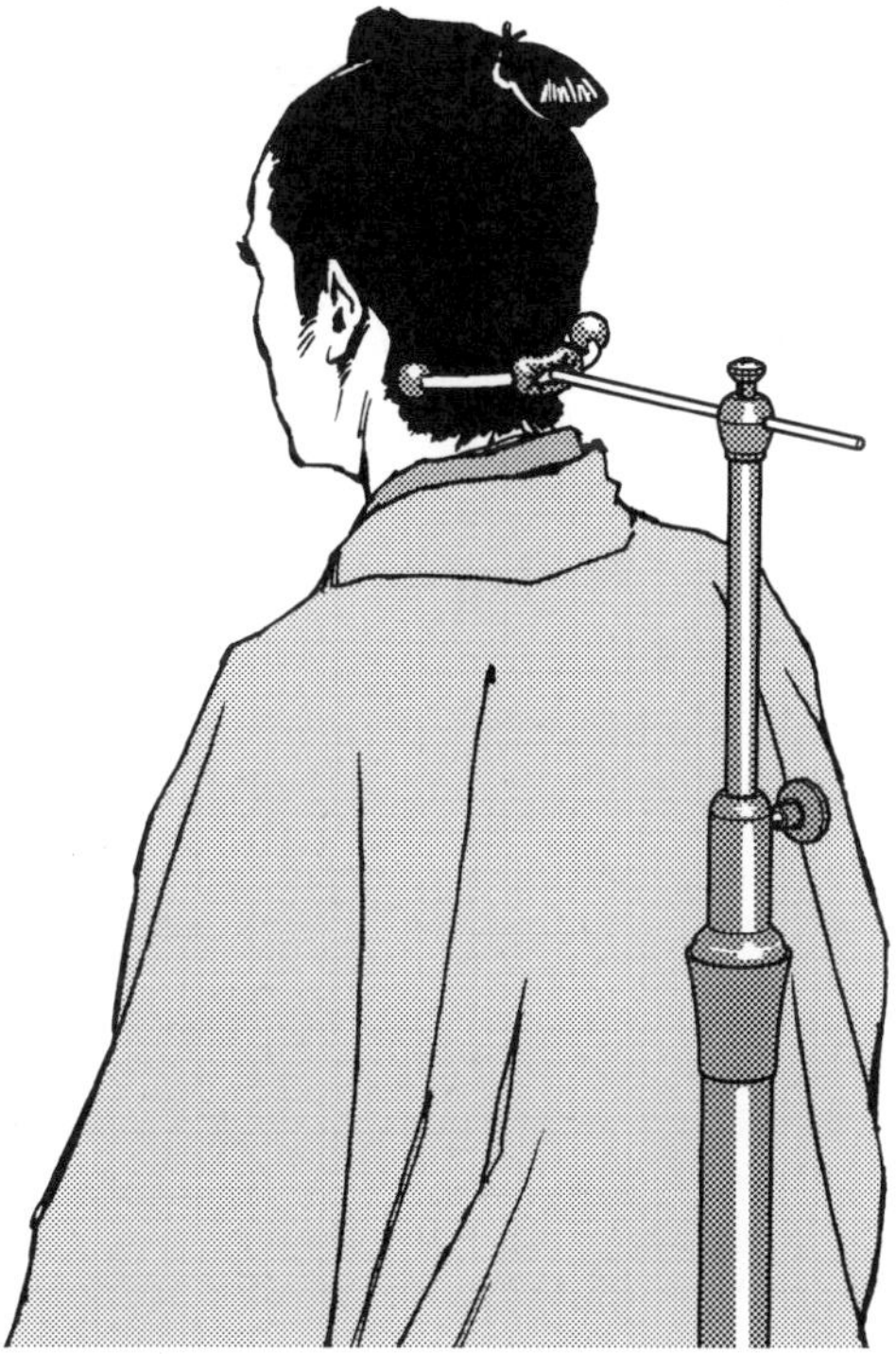

初期の頃は、人の頭を支える「首おさえ」という道具が使われた

［写真］

幕末期の写真術は、技術的にまだまだ未熟。しかし、1862年には長崎と横浜に写真館が開かれた。新し物好きの龍馬らしく、数枚の写真が残されている。
ただし、当時の写真は撮影費が高かったため、今のように手軽に撮影できるものではなかった。

撮影に長い露光時間が必要だった

幕末初期の写真は、光の感度が弱いため、長い露光時間が必要だった。龍馬が写真を撮った慶応年間頃には技術が進み、10秒ほどの露光で撮影できるようになった。

［船］

黒船が来航した際、その大きさと、帆を掲げずに自由に航行する姿に、日本人は驚愕した。船の必要性に気づいた龍馬は、それを操るための航海術を学ぶようになった。

ペリー艦隊の旗艦サスケハナ号は、日本の一般的な船である千石船の大きさの約20倍もあった

頭はよかったのか？剣は強かったのか？

武士の教養がないからバカにされた

一般的な武士の頭の中
武士の教養で凝り固まる
朱子学に基づく道徳観が武士の教養だった。旧態依然の道徳観に縛られていた。
龍馬の頭の中
柔軟に考えられる
教養はなくても、自由な発想力や理解力、判断力など、頭の回転は速かった。
教養がないやつだ
頭の固いやつだ
武市半平太《たけちはんぺいた》
坂本龍馬

小さい頃は落ちこぼれだったといわれる龍馬。まともに学問を教わらず、剣の稽古に没頭するうちに大人になってしまったようだ。

しかし、龍馬は何事も飲み込みが早いのが長所であった。物事の本質をつかむのがうまく、漢文がわからなくても、内容の趣旨を理解できるような才に恵まれていた。勉強家ではないが、天才型の人物だったといえる。

一方、剣術の腕前はどうか。司馬遼太郎の小説『竜馬がゆく』などでは、龍馬は剣の達人のように

道場を開く一歩手前の実力はあった

13年で免許皆伝を得るのは一般的なスピードだが、その実力は高く評価されていた

上

1861年10月
「小栗流和兵法三箇条」
27歳で小栗流の免許皆伝となる。道場の師範代をつとめられる実力があった。

中

1854年7月
「小栗流和兵法十二箇条并二十五箇条」
翌年には次の段位を取得。実力を認められていたとわかる。

初

1853年3月
「小栗流和兵法事目録」
14歳で修行を始めてから、5年で取得する。この目録は最初の段位のようなもの。

北辰一刀流では薙刀を習っていた?
剣術遊学で江戸へ出た際に、学んだ北辰一刀流。長刀の目録を授けられた記録が残る。剣術の資料が残っていないため、北辰一刀流の腕前は判然としていない。

描かれるが、小説ならではのフィクションも多い。小栗流《おぐりりゅう》の免許皆伝であることは間違いないが、北《ほく》辰一刀流《しんいっとうりゅう》においては、長刀（薙刀）の目録が現存するのみで、よくわからないのが現状だ。

龍馬は武術大会で桂小五郎と対戦した!?

江戸で剣術修行中、桃《もも》井《い》春《しゅん》蔵《ぞう》の士学館《しがくかん》で、剣術大会が行われた。龍馬は連戦連勝中の桂《かつら》小《こ》五《ご》郎《ろう》と試合をして、接戦の末、見事な突きで勝利したという。

しかし、この試合があったとされる日には、龍馬は一時土佐に帰国しているため、時期的に参加するのは不可能。これも後世の作り話といわれている。

特技

困った事態も歌の力で切り抜ける

当意即妙の歌づくりの名人だった

1867年頃に、下関の稲荷町という遊郭で酔いつぶれ、朝帰りした龍馬。お龍《りょう》が怒ると、龍馬は即興で里謡を歌い、難を逃れたという

こい(恋)わしはん(思案)のほかとやら あなと(長門)のせと(瀬戸)のいなりまち(稲荷町)ねこもしゃくしもおもしろふ あそぶくるわのはるげしき
ここにひとりのさるまハし(猿回し) たぬきいっぴきふりすてて 義理もなさけもなきなみだ(涙)ほかにこころハあるまいと かけてちかいし山の神 うちにいるのにこころの闇路 さぐりさぐりていでて行

龍馬自身を猿回しに、お龍をたぬきと山の神にして唄った。お龍は思わず笑ってしまい、怒るのをやめたという。

龍馬は、「歌」で人の心を動かしたという。由利公正《ゆりきみまさ》と横井小楠《よこいしょうなん》とともに、酒を飲んだときのこと。酒に酔った龍馬が「君がため捨つる命は惜しまねど心にかかる国の行末」と歌った。「その声調がすこぶる妙であった」と、のちに由利が回想している。

妙だったとは、美声というよりも味のある声だったということか。味のある声で、機転が利いた歌を歌い、場の雰囲気も変えてしまう。臨機応変の才に長けた龍馬らしい「特技」であったといえる。

宣伝歌の流行で世論を味方につける

いろは丸事件の談判の際、高飛車な態度でのぞむ紀州藩側を追い詰めるための策をうった

紀州藩

御三家の一つである身分を武器に、海援隊《かいえんたい》を無視するような傲慢な態度で交渉にあたる。

賠償金請求（海援隊 → 紀州藩）

拒否＋言い逃れ（紀州藩 → 海援隊）

海援隊

船を沈められ、積み荷を失ったことに対する賠償金を求めた。

戦略

宣伝歌を市内で流行らせる

交渉の舞台である長崎で、宣伝歌を流行らせ、紀州藩に非があることを浸透させた。長崎の市民も「紀州を討て」というようになった。

世論の圧力

遊郭で宣伝歌を歌わせることで、一気に広まった

宣伝歌

船をやられたその償いにゃ
金を取らずに国を取る
国を取りて蜜柑を食う

※「蜜柑」から紀州藩がやったということを暗示している

坂本龍馬関連年表

年	年齢（数え）	龍馬の動き	国内の動き
天保六年（一八三五）	一歳	一一月一五日　坂本龍馬が高知城下で誕生	天保の大飢饉（～一八三九年まで）
弘化三年（一八四六）	一三歳	六月一〇日　母の幸が死去する 学問塾に入門するも短期間で退塾	
嘉永元年（一八四八）	一四歳	小栗流の日根野道場に入門する	
嘉永六年（一八五三）	一九歳	三月　「小栗流和兵法事目録」を受ける 三月一七日　江戸へ遊学のため土佐を出立（北辰一刀流の千葉定吉道場に入門） 一二月一日　佐久間象山の塾で西洋砲術を学ぶ	六月三日　黒船が来航する 一〇月二三日　徳川家定が一三代将軍に就任
安政元年（一八五四）	二〇歳	六月二三日　江戸から土佐へ帰郷する 閏七月　「小栗流和兵法十二箇条并二十五箇条」を受ける 一一月　河田小龍を訪ねる	一月一六日　黒船が再来航する 三月三日　日米和親条約を締結する
安政三年（一八五六）	二二歳	八月二〇日　江戸に再遊学のため土佐を出立（千葉定吉道場で修行する）	
安政五年（一八五八）	二四歳	一月　千葉定吉から「北辰一刀流長刀兵法目録」を受ける 九月三日　江戸から土佐へ帰郷する 一一月二三日　水戸藩士の住谷寅之介らと会う	四月二三日　井伊直弼が大老に就任 六月一九日　日米修好通商条約に調印する 九月七日　安政の大獄が始まる 一〇月二五日　徳川家茂が一四代将軍に就任

万延元年（一八六〇）	二六歳		三月三日　桜田門外の変が起こる
文久元年（一八六一）	二七歳	九月　土佐勤王党に加盟 一〇月　「小栗流和兵法三箇条」を受ける	公武合体運動が盛んになる
文久二年（一八六二）	二八歳	一月一五日　武市半平太の使いとして萩の久坂玄瑞を訪問する 三月二四日　沢村惣之丞とともに脱藩する（各地を放浪する） 八月　江戸へ到着し、千葉定吉道場に身を寄せる 一二月五日　松平春嶽に謁見する 一二月九日　勝海舟を訪ね、弟子入りする	四月八日　吉田東洋が土佐勤王党に暗殺される 四月一六日　島津久光が薩摩藩兵を率いて上洛する 四月二三日　寺田屋事件が起こる 八月二一日　生麦事件が起こる
文久三年（一八六三）	二九歳	一月一五日　勝海舟の尽力で山内容堂から脱藩罪の許しを得る 三月七日　岡田以蔵に勝海舟の護衛を頼む 四月二日　幕臣・大久保一翁と会う 四月二三日　徳川家茂から神戸海軍操練所の設立許可を得る 四月二五日　姉小路公知を軍艦（順動丸）に乗せて説得する 五月一六日　松平春嶽に海軍塾（勝塾）の資金援助を依頼するため福井へ向かう 一〇月　勝塾の塾頭になる	四月二〇日　徳川家茂が朝廷に攘夷の期限を五月一〇日と約束 五月一〇日　長州藩が下関で外国船を砲撃 五月二〇日　姉小路公知が暗殺される 六月八日　栗田宮令旨事件が起こる 七月二日　薩英戦争が起こる 八月一七日　天誅組の変が起こる 八月一八日　八月十八日の政変が起こる 九月二一日　武市半平太が投獄される

坂本龍馬関連年表

年	年齢（数え）	龍馬の動き	国内の動き
元治元年（一八六四）	三〇歳	二月 帰郷命令を無視して、再脱藩する 五月 お龍と出会う 八月 西郷隆盛と会う 一一月 勝海舟の軍艦奉行罷免に伴い、勝塾も解散	六月五日 池田屋事件が起こる 七月一九日 禁門の変が起こる 七月二三日 第一次長州征伐の勅命が下る 一一月一一日 長州藩が幕府に恭順する（第一次長州征伐終結） 一二月一五日 高杉晋作がクーデターを起こす
慶応元年（一八六五）	三一歳	三月一二日 神戸海軍操練所が廃止される 四月二五日 西郷隆盛らと鹿児島に向かう（五月一日着） 五月一九日 肥後で横井小楠に会う 五月二四日 太宰府で尊王攘夷派公卿と会う 閏五月六日 桂小五郎と会う 閏五月二一日 西郷隆盛が下関に訪れず、桂に謝罪する この頃、長崎に亀山社中を結成する 七月 近藤長次郎に長州藩への武器・軍艦の購入を任せる	閏五月一一日 武市半平太が切腹する 九月二一日 家茂が第二次長州征伐の勅命を得る
慶応二年（一八六六）	三二歳	一月一四日 近藤長次郎が切腹する 一月二二日 龍馬の仲介で「薩長同盟」が成立 一月二四日 寺田屋で幕吏に襲撃される 三月一〇日 傷の治療を兼ねて、お龍と鹿児島を旅行する（四月一二日まで）	

		五月二日　ワイルウェフ号が沈没する 六月一七日　桜島丸で長州勢として第二次長州征伐に参加（高杉晋作と会談）	六月七日　第二次長州征伐が始まる 七月二〇日　一四代将軍徳川家茂が死去 一二月五日　徳川慶喜が一五代将軍に就任
慶応三年（一八六七）	三三歳	一月中旬　後藤象二郎と会談する 二月　中岡慎太郎とともに脱藩罪を許される 四月　海援隊の隊長になる 四月二三日　いろは丸が沈没する 六月　後藤象二郎に「船中八策」を示す 六月二五日　中岡慎太郎とともに岩倉具視に面会する 九月一四日　ハットマン商社からライフル銃を購入する 九月　下関でお龍と会い、土佐に帰る 一〇月　伊東甲子太郎から身の危険を忠告される 一〇月　新官制擬定書を作成する 一一月二日　福井で由利公正と会う 一一月上旬　新政府綱領八策を作成 一一月一五日　近江屋にて暗殺される	四月一四日　高杉晋作が死去する 五月二一日　薩土密約が交わされる 六月二二日　薩土盟約が成立する 一〇月一三日　討幕の密勅が下される 一〇月一三日　慶喜が各藩大名を集めて、大政奉還を諮問 一〇月一四日　慶喜が大政奉還を上奏する 一二月九日　王政復古の大号令が発せられる
慶応四年（一八六八）			一月三日　鳥羽・伏見の戦いが起こる

幕末の四賢侯……100、118
橋本左内……118
八平……12、16
ハネムーン……153
浜川砲台……141
浜之市……153
藩……10、23
万国公法……72
藩主……23
樋口真吉……37
肥後……139
土方歳三……83、128、154
土方久元……56
ピストル……112、159
一橋派……22
一橋慶喜→徳川慶喜
日根野道場……16、149
漂巽紀略……103
平井加尾……29、102、132
平井収二郎……102
平野国臣……32
ブーツ……159
福井……43、118、138
福井藩上屋敷……141
福岡孝弟……101
富国強兵……99、101
伏見……143
譜代大名……22
不逞浪士……48
武力倒幕……74、76、78、83、88
変名……90
北辰一刀流……18、25、122、163
戊午の密勅……27
戊辰戦争……88、124

ま

真木和泉……32
松平春嶽……36、43、73、100、118
三浦休太郎……107
三菱商会……89、99
三吉慎蔵……62、64、89
無血開城……124、126
陸奥源二郎……39、107、133
明光丸……72
明倫館……110、147
毛利家……148
毛利敬親……146
望月亀弥太……48
望月清平……36
物頭……14
桃井春蔵……163

や

山内家……14、148
山内容堂……
……29、30、38、44、68、73、76、80、100
山田藤吉……86
山南敬助……128
雄藩……10、22、76
雄藩連合……49、52、57、73、74
有備館……147
ユニオン号……59、67、105
由利公正……121、164
用人……14
横井小楠……57、118、120、164
吉田松陰……31、110
吉田東洋……30、36、99、101
吉田東洋暗殺の地……149
吉田屋……143
吉村虎太郎……28、32、45

ら

蘭学……160
陸援隊……94
料亭・花月……151
龍馬の手紙……156
留守居組……14

わ

ワイルウェフ号……67、109、139、154
和英通韻以呂波便覧……160
渡辺篤……129
渡辺吉太郎……129
渡辺剛八……109
和田岬……144

さくいん

尊王攘夷……20、22、28、31、34、113、142
尊王論……20

た

第一次長州征伐……52
大極丸……69、154
大政奉還……77、78、81、83、84、98、100、127
第二次長州征伐……112、146
大老……26
高杉晋作……67、110、112
高千穂峰……153
鷹司政通……130
高橋安次郎……129
高松順蔵……108
高松太郎……59、108、154
武市半平太……28、30、32、44、96、101
武市半平太道場……149
太宰府……57、139
立川番所……139
脱藩……32
伊達宗城……73、100
田中作吾……36
田中新兵衛……131
田中光顕……136
谷干城……101
千鶴……12、108
千葉定吉……18、122
千葉定吉道場……18、141
千葉重太郎……122
千屋虎之助……89、109
中老……14
長州藩……10、31、43、52、56、60、66
朝廷……23、35、142
朝敵……52
勅命……142
勅許……142
通称……91
寺島宗則……117
寺田屋……62、133
天誅……103
天誅組の乱……45
天保の改革……10
天保の大飢饉……10
天満屋事件……107
討幕の密勅……83、130
倒幕派……68、72、74
倒幕論……53
徳川家定……22
徳川家茂……22、34、42、67
徳川家康……148
徳川斉昭……22、127
徳川慶福→徳川家茂
徳川慶喜……22、53、72、74、80、127
土佐……15、138、148
土佐勤王党……28、30、44、46、68、94、96、102、109
土佐商会……68、99、151
土佐藩……10、26、46、68、70
土佐藩下屋敷……141
土佐藩中屋敷……141
土佐藩屋敷……143
土佐弁……157
外様大名……22
土肥仲蔵……129
乙女……12、33、43、79、89、125、132、149、156

な

直柔……13
長井雅楽……113
長岡謙吉……89、106
中岡慎太郎……28、56、73、86、94、159
長崎……70、139、150
長崎出島……150
中根雪江……118、122
中浜万次郎……102、103
生麦事件……135
楢崎将作……132
楢崎龍(お龍)……47、62、79、89、132、147、153
南紀派……22、26
西山直次郎……132
日米和親条約……19

は

パークス……134
馬関商社……69
萩……139、146
幕藩体制……10

号……91
航海遠略策……113
公議政体……74
郷士……14
公府……127
公武合体……34、44、74、113、143
神戸……42、139、144
神戸村……144
孝明天皇……20、34、44、72
国是七条……120
郷中制度……114
小姓組……14
小曽根乾堂……135
五代友厚……72、117
後藤象二郎……68、70、73、79、80、98、151
小松帯刀……34、57、116
御陵衛士……128
近藤勇……83、128
近藤長次郎……38、63、104
権平……12、33、79

さ

西郷隆盛……49、54、57、58、73、88、114
才谷梅太郎……90
才谷屋……15
坂本家……15
坂本直……108、154
坂本直寛……154
坂本龍馬の生家……149
佐久間象山……19、123、141
桜井大三郎……129
桜田門外の変……28
鎖国……20、150
佐々木高行……89
佐々木只三郎……123、129
サスケハナ号……161
薩英戦争……55、117
薩長会談……59、60、110、114
薩長同盟……57、60、66、143、151
薩土密約……73
薩土盟約……78
薩摩……139、152
薩摩藩……10、44、53、54、56、60、66、152
薩摩藩二本松屋敷……143
サトウ……135
佐藤愛之助……135
佐那……19、122
佐幕……35、44、53、75、76、100
沢村惣之丞……33、36、89、108
三条実美……131
三徳……159
参予会議……46、52
試衛館……128
塩浸温泉……153
四侯会議……73
志士……26、142
四時軒……120
島津斉彬……22、100、114、117、152
島津久光……32、34、53、73
下関……57、139、147
修行中心得大意……16
順動丸……42
攘夷論……20、31
松下村塾……31、112、147
将軍継嗣問題……26
象山書院……123
上士……14、148
聖福寺……151
商方の愚案……107
庄屋……14
ジョン・万次郎……102
白石正一郎邸……147
白札……14、96
白峰駿馬……109
新官制擬定書……82
新宮馬之助……39
新政府綱領八策……82
新選組……46、48、83、128
新選組屯所……143
親藩大名……22
菅野覚兵衛……89、109
住谷寅之介……26
酢屋……86、143
政事総裁職……36
清風亭……151
関義臣……109
関龍二……136
全国守護兵……127
船中八策……77、80、106
総髪……158

さくいん

あ

足軽……14
姉小路公知……42、131
阿部正弘……19、124、126
粟田宮令旨事件……45
安政の大獄……27、100、113
井伊直弼……26、28
イカルス号事件……79、134
池内蔵太……67、109
池田屋事件……47、48、83、128
石田英吉……109
維新の三傑……110、117
板垣（乾）退助……73、79、101
一会桑政権……53
一藩勤王……96
伊東甲子太郎……128
伊藤助太夫……147
今井信郎……129
諱……91
伊与……12
いろは丸事件……72、151、165
岩倉具視……83、130
岩崎弥太郎……89、99
上野彦馬……151
馬廻……14
栄……12
蝦夷……47、138、154
江戸……138、140
栄之尾温泉……153
榎本武揚……154
王政復古の大号令……88
近江屋……86、94、143
大浦慶……133
大久保一翁……40、126
大久保利通……34、73、117
大坂湾……144
岡田以蔵……103
沖田総司……128
小栗流……16
小栗流和兵法三箇条……163
小栗流和兵法事目録……163
小栗流和兵法十二箇条并二十五箇条……163
お登勢……133、136

か

海援隊……
……70、85、89、98、99、106、149、165
海援隊約規……71
海軍営之碑……49
海軍塾……43、49、145
海軍操練所……43、46、48、54、144
海軍伝習所……124、150
鏡川……149
鹿児島城下……153
下士……14、29、148
和宮……34、53、130
徒士……14
勝海舟……38、40、
42、48、52、88、104、114、118、124、144
勝海舟の家……141
桂小五郎……58、110、147、163
桂早之助……129
亀山社中……
……59、60、66、68、104、135、151
家老……14
河上彦斎……123
河田小龍……25、40、103、104、106、149
巌流島……147
紀州藩……72、165
議政院……127
北添佶磨……47、48、138、154
京都……47、138、142
京都見廻組……83、86、129
清河八郎……27、123
禁門の変……49、52、110、113
公卿……142
久坂玄瑞……30、37、40、45、49、113
組外……14
グラバー……104、134
グラバー商会……59、134
グラバー邸……151
黒木小太郎……39、67
黒田清隆……154
黒船来航……12、18、20、124、140、142
鯨海酔侯……100
剣術道場……25
玄武館……18、123
幸……12、16

参考文献

『天翔る龍 坂本龍馬伝』山村竜也著（NHK出版）
『江戸時代選書15　幕末志士の世界』芳賀登著（雄山閣）
『勝海舟』松浦玲著（中央公論社）
『坂本龍馬』松浦玲著（岩波書店）
『坂本龍馬』池田敬正（中央公論社）
『坂本龍馬 海援隊士列伝』山田一郎ら著（新人物往来社）
『坂本龍馬事典　コンパクト版』小西四郎ら編（新人物往来社）
『坂本龍馬大事典』新人物往来社編（新人物往来社）
『坂本龍馬地図帳』小美濃清明監修（人文社）
『坂本龍馬日記（上・下）』菊池明・山村竜也著（新人物往来社）
『坂本龍馬の系譜』土居晴夫著（新人物往来社）
『坂本龍馬　101の謎』菊地明・伊東成郎・山村竜也著（新人物往来社）
『坂本龍馬を歩く（歩く旅シリーズ 歴史・文学）』一坂太郎著（山と渓谷社）
『史伝 坂本龍馬』山村竜也著（学習研究社）
『詳説日本史研究』五味文彦・高埜利彦・鳥海靖編（山川出版社）
『新詳日本史』（浜島書店）
『新・歴史群像シリーズ④　維新創世 坂本龍馬』（学習研究社）
『図解雑学　坂本龍馬』木村幸比古著（ナツメ社）
『［図説］幕末・維新おもしろ事典』奈良本辰也監修（三笠書房）
『定本 坂本龍馬伝――青い航跡』松岡司著（新人物往来社）
『土佐藩』平尾道雄著（吉川弘文館）
『幕末維新人名事典』宮崎十三八ら編（新人物往来社）
『幕末維新ものしり事典』奈良本辰也監修（主婦と生活社）
『幕末新詳解事典』脇坂昌宏著（学習研究社）
『「幕末の志士」がよくわかる本』山村竜也監修（PHP研究所）
『氷川清話』勝海舟著／江藤淳・松浦玲編（講談社）
『別冊歴史読本　天璋院篤姫と幕末動乱』（新人物往来社）
『《マンガ》坂本龍馬のすべてがわかる本』風巻絃一監修・湯浅ひとし画（三笠書房）
『目からウロコの幕末維新』山村竜也著（PHP研究所）
『ようわかるぜよ!坂本龍馬』木村武仁著（京都新聞出版センター）
『龍馬―最後の真実』菊地明著（筑摩書房）
『龍馬の手紙』宮地佐一郎著（講談社）
『歴史群像シリーズ31【血誠新撰組】峻烈壬生浪士の忠と斬』（学習研究社）
『歴史群像シリーズ73【幕末大全上巻】黒船来航と尊攘の嵐』（学習研究社）
『歴史群像シリーズ74【幕末大全下巻】維新回天と戊辰戦争』（学習研究社）
『歴史群像シリーズ特別編集【決定版】図説・幕末志士199』（学習研究社）
『〈歴史を動かした人物Series〉もっと知りたい坂本龍馬』木村幸比古・木村武仁著（日本実業出版社）

【写真協力】
神戸市中央区役所／佐川町立青山文庫

山村竜也（やまむら　たつや）

1961年、東京都生まれ。中央大学卒業。歴史作家。NHK大河ドラマ「新選組！」および「龍馬伝」の時代考証を担当。著書に、『天翔る龍 坂本龍馬伝』（NHK出版）、『新選組剣客伝』『目からウロコの幕末維新』（以上、PHP文庫）、『真田幸村』（PHP新書）、『戦国の妻たち』（リイド文庫）、『本当はもっと面白い新選組』（祥伝社黄金文庫）、『史伝 坂本龍馬』『真説 新選組』（以上、学研M文庫）など、共著に『坂本龍馬日記』『坂本龍馬101の謎』（以上、新人物往来社）などがある。また、マンガ「新選組刃義抄アサギ」の原作を『ヤングガンガン』（スクウェア・エニックス）誌上で連載中。

装幀　石川直美（カメガイ デザイン オフィス）
装画・本文イラスト　川島健太郎　植木美江
地図作成　谷裕子
本文デザイン　バラスタジオ（高橋秀明）
校正　ペーパーハウス
編集協力　上野哲弥（各駅亭舎）　一夢庵
編集　鈴木恵美（幻冬舎）

知識ゼロからの坂本龍馬入門

2010年1月20日　第１刷発行

監修者　山村竜也
発行人　見城　徹
編集人　福島広司

発行所　株式会社 幻冬舎
〒151-0051　東京都渋谷区千駄ヶ谷4-9-7
電話　03-5411-6211（編集）　03-5411-6222（営業）
振替　00120-8-767643
印刷・製本所　株式会社 光邦

検印廃止

ISBN978-4-344-90176-6 C2095
Printed in Japan
幻冬舎ホームページアドレス　http://www.gentosha.co.jp/
この本に関するご意見・ご感想をメールでお寄せいただく場合は、comment@gentosha.co.jpまで。

芽がでるシリーズ

知識ゼロからの戦国武将入門

小和田哲男　定価（本体1300円+税）

実力主義の世を勝ち抜いた男たちの、出自・人脈・軍略・家族から食生活までを漫画で紹介。秀吉の身長・血液型から辞世の句まで、目から鱗の新知識満載！学生もビジネスマンも必携の一冊。

知識ゼロからの幕末維新入門

木村幸比古　定価（本体1300円+税）

坂本龍馬、西郷隆盛、小松帯刀、桂小五郎、岡田以蔵……。激動の世を志高く駆け抜けた46人を一挙解説！ 誰が何を変えたのか。複雑な幕末維新の人間関係・出来事を漫画でわかりやすく解説！

知識ゼロからの日清日露戦争入門

戸高一成・江川達也　定価（本体1300円+税）

黄海海戦、三国干渉、日英同盟、203高地、バルチック艦隊……。秋山兄弟の活躍、正岡子規の人生など、『坂の上の雲』がよくわかる！ 日本の近代を作った男たちの活躍を漫画と図解で解説。

知識ゼロからの太平洋戦争入門

半藤一利　定価（本体1300円+税）

日本軍は、いかに闘い、なぜ負けたのか。戦争の真実を知ってこそ平和がある。真珠湾の大勝利から沖縄の悲劇まで、戦史のエキスパートが20大決戦で読む太平洋戦争。素朴な疑問、Q&A付き。

知識ゼロからのローマ帝国入門

阪本浩　定価（本体1300円+税）

世界はすべて、ローマから始まった！ カエサル、元老院、コロッセウム、キリスト教、五賢帝、ゲルマン大移動……。長い歴史のあらすじをポイント読みできる、写真とイラスト満載の入門書。